www.tredition.de

AF197794

Christian Kaufmann

Das Buch über das neue Coronavirus

Corona – die Katze ist aus dem Sack

www.tredition.de

© 2020 Christian Kaufmann
Umschlag, Illustration: Christian Kaufmann
Illustrationen und Abbildungen: © Christian Kaufmann
Lektorat: Christian Kaufmann
Korrektorat: Dr. Hartmut Pietsch, Korrekturbüro Ruhr
Übersetzung: Christian Kaufmann
www.corona-ole.com

Verlag & Druck: tredition GmbH, Halenreie 40–44, 22359
Hamburg

ISBN
Paperback   978-3-347-06034-0
Hardcover   978-3-347-08337-0
e-Book   978-3-347-06035-7

Das Werk, einschließlich seiner Teile, ist urheberrechtlich geschützt. Jede Verwertung ist ohne Zustimmung des Verlages
und des Autors unzulässig. Dies gilt insbesondere für die
elektronische oder sonstige Vervielfältigung, Übersetzung,
Verbreitung und öffentliche Zugänglichmachung.

Inhaltsverzeichnis

1 Einleitung

Aktuell hält ein Virus namens Corona die Welt in Atem. Von Experten wird dieses Virus von „weniger gefährlich als Influenza" bis „hochgefährlich mit Millionen von Toten" eingeschätzt. Von der Weltgesundheitsorganisation (WHO) wurde es zunächst 2019-nCoV genannt, für „novel coronavirus" (auf Deutsch: „neues Coronavirus"). Seit dem 11. Februar heißt es Sars-CoV-2. Weltweit wurden Maßnahmen ergriffen, um die Verbreitung des neuen Coronavirus einzudämmen. Am 11. März 2020 hat die WHO den Pandemiestatus ausgerufen. Spannend ist, wie der ganze Hype zustande gekommen ist.

Wir alle erinnern uns an die ersten Meldungen aus China, z. B. ein Video, in dem eine Person auf offener Straße einfach kollabierte. Oder Bilder von Spitälern mit langen Warteschlangen. Diese millionenfach verbreiteten Bilder und Videos schürten in der Bevölkerung bereits große Ängste. Gegenüber früheren sogenannten Pandemien wie SARS, Schweinegrippe etc. kann heute jeder die aktuelle Situation in Echtzeit auf dem Handy mitverfolgen. Es ist unübersehbar, dass unser Hirn laufend mit Schreckensmeldungen geflutet wird. Da gäbe es nun ein neuartiges Virus, das sich rasend schnell über zwischenmenschliche Kontakte verbreitet und in kurzer Zeit Teile der Bevölkerung dahinraffen werde. Notabene auch mit den entsprechenden Auswirkungen. Wir nehmen die Bedrohungen für real. Wie wollen wir unterscheiden, welche Schreckensszenarien nur auf Pseudorechenmodellen von Virologen beruhen und welche wirklich real sind? Eigentlich ist es unfassbar, dass in Zeiten des Internets, in denen sich jeder in Sekundenschnelle seine Informationen zu relevanten Themen zusammensuchen kann, trotzdem nicht alle wichtigen Informationen verfügbar sind. Es kann festgestellt werden, dass Stimmen, welche selbst mit gut belegbaren Tatsachen aufwarten, nicht wahrgenommen werden, keine Medienplattform haben oder gar verunglimpft werden.

Der Hinweis auf überfüllte Krankenhäuser in Italien wird oft als unumstößlicher Beweis für die Schwere der grassierenden Corona-Welle vorgebracht. Dabei bleibt unbeachtet, dass solche Informationen immer den schwächsten Teil des Menschen treffen, nämlich sein Hirn. Wir neigen zum Vergessen oder wollen es einfach nicht wahrhaben. Es ist Fact, dass Italien in der Grippezeit jeweils am Anschlag läuft. Was oft auch ausgeblendet wird, ist der Umstand, dass bereits immer fünf bis zehn Prozent der Erkrankungen während der Grippesaison auf bisherige „alte" Coronaviren zurückzuführen waren. Dabei traten jeweils auch Fälle mit schweren Verläufen auf, die gelegentlich gar bei jungen Menschen zum Tode geführt haben. In diesen Fällen waren fast immer schwere Vorerkrankungen vorhanden. Zusätzlich wird wie immer pauschalisiert und einmal getroffene Aussagen werden unreflektiert wiederholt und weiterverbreitet. Tatsache ist auch, dass nicht ganz Italien solche gehäuften Fälle von Corona-Toten aufweist, sondern vornehmlich 2 Regionen im Norden, nämlich die Lombardei und Emilia-Romagna, die zusammen rund 70 % der Sterbefälle aufweisen! Die restlichen Regionen sind auch in Italien ziemlich unauffällig.

So zeigt dieses Buch im Gegensatz zum Mainstream unaufgeregt Facts von ernst zu nehmenden Personen, die der Meinung sind, die aktuelle Pandemie sei durchaus vergleichbar mit der jährlichen saisonalen Grippewelle. Gibt es Anzeichen und Beweise dafür, dass die Gefährlichkeit des neu mutierten Virus für die menschliche Gesundheit viel höher ist als bei anderen Virenerkrankungen, wie beispielsweise den bisherigen (alten) Coronaviren, Influenza- oder Rhinoviren etc.?

In diesem Zusammenhang ist es natürlich sehr interessant, was die meinungsmachenden Institutionen in Deutschland, also beispielsweise das Robert-Koch-Institut (RKI), zur Gefährlichkeit des Coronavirus zu sagen haben und wie viele Menschen gemäß ihren Hochrechnungen voraussichtlich sterben müssen. So modelliert das RKI munter drauf los. Im Dokument „Modellierung von Beispielszenarien der SARS-CoV-2-Epidemie 2020 in Deutschland"[1] vom 20. März 2020 werden in sechs Modellen horrende Todeszahlen vorausgesagt. Die erwarteten Todesfälle reichen im besten Falle von 200 000 bis maximal .fast 400 000. Dass deshalb Panik herrscht, darf nicht verwundern.

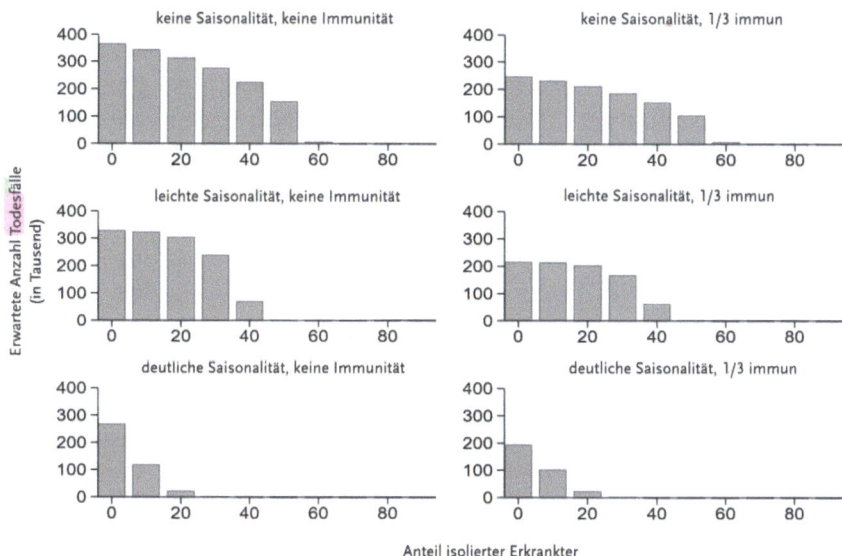

Was allerdings die Maßnahmen zur Verhinderung der Ausbreitung des Corona-Virus betrifft, so muss man feststellen, dass diese massivst sind. In der Schweiz oder auch in Deutschland (mit Ausnahme von Bayern und Sachsen) dürfen die Bewohner wenigstens noch ihre Wohnungen verlassen und können sich mehr oder weniger frei bewegen. In anderen Ländern ist sogar diese Freiheit eingeschränkt. Selbst Kinder müssen in der Wohnung bleiben und können zum Spielen

9

nicht ins Freie. Fast weltweit sind aber ganze Wirtschaftszweige abgeschnitten und beispielsweise Restaurants oder Läden ohne Lebensmittel geschlossen. Dabei stellt sich die Frage, ob diese Maßnahmen nicht übers Ziel hinausschießen. Umso mehr, wenn man bedenkt, dass die Risikogruppe alte und kranke Menschen sind. Ganz wenige Länder haben solche Maßnahmen in ihre Überlegungen miteinbezogen, beispielsweise Schweden. So hat Schweden von einem Lockdown abgesehen und alle Geschäfte bleiben geöffnet. Einzig Anlässe mit mehr als 50 Personen sind verboten und untereinander soll Distanz gewahrt und die Hygienemaßnahmen sollen beachtet werden. Das Modell basiert auf Freiwilligkeit und alten Menschen wird empfohlen, zu Hause zu bleiben. Auch Korea hat dieses Modell gewählt. Mehr oder weniger gar nichts macht Weißrussland. Das Leben geht unverändert weiter. Sogar Fußballspiele werden weiterhin durchgeführt. Es wird spannend sein, nach Bewältigung der Corona-Krise zu beurteilen, ob das Modell Weißrusslands, welches gar keine Maßnahmen trifft, oder dasjenige von Schweden, welches nur auf den Schutz der Risikogruppen fokussiert, sich als das bessere erwiesen hat.

Um exemplarisch aufzuzeigen, dass nicht alle ausgewiesenen Experten das Corona-Virus als extrem gefährlich und tödlich ansehen, sei hier noch eine weitere Stimme eines bekannten Virologen, Dr. Hendrik Streek, aufgeführt,[2] welche dieser am 16.03.2020 in einem Interview mit der FAZ abgab. Bei der Frage, ob die Todeszahlen auch in Deutschland so steigen werden wie in Italien:

„Ganz bestimmt, aber nicht um solch apokalyptisch hohe Zahlen, wie sie zum Teil in Umlauf sind. Auch muss man berücksichtigen, dass es sich bei den Sars-CoV-2-Toten in Deutschland ausschließlich um alte Menschen gehandelt hat. In Heinsberg etwa ist ein 78 Jahre alter Mann mit Vorerkrankungen an Herzversagen gestorben, und das ohne eine Lungenbeteiligung durch Sars-2. Da er infiziert

war, taucht er natürlich in der Covid-19-Statistik auf. Die Frage ist aber, ob er nicht sowieso gestorben wäre, auch ohne Sars-2. In Deutschland sterben jeden Tag rund 2 500 Menschen, bei bisher zwölf Toten gibt es in den vergangenen knapp drei Wochen eine Verbindung zu Sars-2. Natürlich werden noch Menschen sterben, aber ich lehne mich mal weit aus dem Fenster und sage: Es könnte durchaus sein, dass wir im Jahr 2020 zusammengerechnet nicht mehr Todesfälle haben werden als in jedem anderen Jahr."

Bei dem ganzen Corona-Hype spielen die Medien einen nicht unwichtigen, leider sehr unrühmlichen Part. Durch ihre einseitige Berichterstattung schüren sie irrationale Ängste. Jede negative Meldung wird genüsslich verbreitet und teilweise mit Horrorszenarien angereichert. Moderate Stimmen oder gar Meinungen, welche eine Krise verneinen, bleiben weitgehend unberücksichtigt.

Das Buch ist so aufgebaut, dass Sie zu den brennendsten Themen ein eigenes Kapitel haben, zu dem Sie bei Bedarf direkt vorrücken können. Ich wünsche, dass Ihnen dieses Buch die Augen öffnet, Sie von Ängsten weitestgehend befreit und Sie wieder ruhiger schlafen lässt. Die wichtigsten Themen, zu welchen Sie Antworten erhalten, sind:

- Warum sterben so viele?
- Die Rolle der Medien
- Fatalistischen Haltungen und Verschwörungstheorien
- Ausstiegsszenarien aus dem Lockdown
- Lehren und Schlussfolgerungen

In diesem Buch wird Ihnen auf anschauliche Weise aufgezeigt, was Sache ist. Ich kann Ihnen jetzt schon garantieren, dass sie nach der Lektüre dieses Buches ruhiger schlafen werden! Dabei gilt es selbstverständlich, die Anordnungen der

Behörden zu respektieren. Grippe wie auch Erkrankungen mit dem Coronavirus sind Erkrankungen, die schwere Verläufe haben können und in ärztliche Behandlung gehören. Wir leben in der westlichen Welt vornehmlich in Demokratien. Und dazu gehört somit, dass den Gesetzen Folge geleistet wird. Ansonsten wird die Demokratie sehr schnell zur Anarchie. Zur Verhinderung von künftigen ähnlichen Situationen sind ausschließlich Aufklärung und demokratische Schritte anzuwenden.

2 Ein Virus überrascht selten!

SARS, MESRS, Schweinegrippe, Influenza, etc. Alle Jahre wiederholt sich das Gleiche. Es werden neue Viren und bösartige Krankheiten entdeckt. Dass es Viren gibt, obwohl man diese mit bloßem Auge nicht sieht, wird wohl niemand bestreiten. Ebenfalls ist es Allgemeinwissen, dass Viren sich verändern können. Dies nennt man „mutieren". So ist es Usanz, dass man alljährlich neue Impfstoffe zusammenstellt, die gegen mehrere Virenstämme wirken sollen, nämlich diejenigen, die gerade auf dem Vormarsch sind. Meistens sind das Impfstoffe gegen die drei bis vier häufigsten Virenstämme.

Influenza oder auch Grippe genannt – alle Jahre wieder

Wussten sie, dass es alle Jahre wieder neue Influenza-Viren gibt? Aufgrund von Mutationen gibt es heute Hunderte verschiedener Influenzaviren. Deshalb werden jährlich neue Impfstoffe für die drei bis vier gerade am häufigsten auftretenden Virenstämme entwickelt. Die Influenza grassiert in gewissen Jahren geradezu und fordert einen hohen Tribut an Opfern. Und dies völlig unbemerkt resp. unbeachtet von der Öffentlichkeit. So sind in der Grippesaison 2017/2018 allein in Deutschland über 25 000 Menschen daran gestorben. Das Robert-Koch-Institut (RKI) führt in Deutschland penibel Statistik darüber. Nachstehend ein Chart des RKI über die Influenza-Toten der Periode 1984 bis 2013.[3]

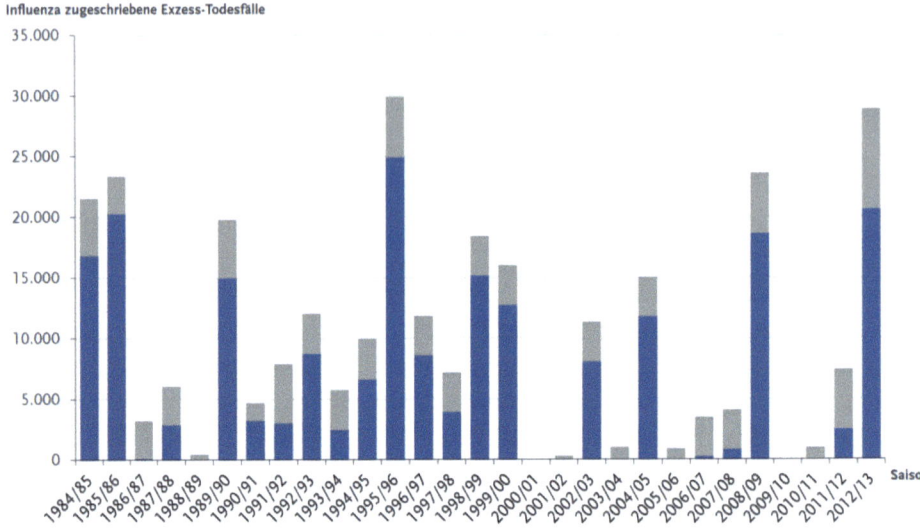

Influenza zugeschriebene Exzess-Todesfälle

Abb. 2: Der Influenza zugeschriebene Zahl der Exzess-Todesfälle, konservativ berechnet (blaue Balken). Zusätzlicher Bereich bis zur Höhe der jeweiliger Punktschätzer (grauer Balkenbereich).

Neben der allseits bekannten Spanischen Grippe (1918–1920) mit geschätzten 20–50 Millionen Toten sind noch die Asiatische Grippe (1957/58) mit 1–4 Mio. Toten, die Hongkong-Grippe (1968), ebenfalls mit 1–4 Mio. Toten, sowie die Russische Grippe (1977/78) mit 700 000 Toten erwähnenswert. Trotz den gewaltigen Zahlen in gewissen Jahren ist die Influenza normalerweise, einfach gesagt, eine saisonale Erscheinung, die zumindest den „Normalbürger" nicht schreckt. Ab und zu erhalten wir aber auch bei Grippewellen gute Hinweise zum Verhalten, wie beispielsweise „zu Hause bleiben", wenn entsprechenden Krankheitssymptome vorhanden sind.

EBOLA (2014 bis 2016 in Westafrika, seit 2018 in Kongo und Uganda)

Das tödlichste Virus überhaupt. Das wissen wir alle spätestens, seit wir die entsprechenden Hollywood-Filme gesehen haben. Auch ein Blick in die Medien lässt Ebola als überaus böses Killervirus dastehen. Virologen sind da teilweise anderer Meinung. Wie gefährlich ist Ebola jedoch wirklich?

Der Immunologe Dr. Beda M. Stadler, emeritierter Professor und ehemaliger Direktor des Instituts für Immunologie der Universität Bern. Er schreibt gerne pointiert, ist unabhängig und polarisiert des Öfteren. So schrieb der Schweizer Beobachter im Artikel „Der Lieblingsfeind"[4] vom 27. April 2009 über ihn:

„Man muss ihm aber auch zugutehalten: Regelmäßig entlarvt er als einer der wenigen die hysterischen Züge unserer Gesellschaft: etwa als das Bundesamt für Gesundheit den Zimtstern-Alarm ausrief. Und er darauf hinwies, dass man jeden Tag 33 Kilo Sterne verdrücken müsste, damit es gefährlich würde."

Auch von Ebola ist er nicht sonderlich beeindruckt. In einem Interview, wiedergegeben auf dem Onlineportal Watson, äußerte er, dass diese Seuche vor allem aus Hollywood komme. Hier ein Auszug aus dem Interview:[5]

„Herr Stadler, das Ebola-Virus ist in Spanien angekommen, kommt es bald in die Schweiz?

Beda M. Stadler: Nein. Die Ebola-Seuche kommt sowieso vor allem aus Hollywood. Horror-Movies lehnen ihre Drehbücher an hoch infektiöse Viren wie Ebola an und stilisieren sie zu Pandemien, die die Menschheit ausrotten. Ebola gibt es aber schon länger, als es Menschen gibt. Ein so gearteter *Virus wie Ebola kann die Menschheit gar nicht dahinraffen. [ ]* **Das Virus breitet sich aber gerade unkontrolliert aus** ...

Ja, in Afrika. In der Schweiz hätte Ebola null Chance. Wir haben nur schon kulturell bedingt ganz andere Hygiene-Standards. Die Menschen in Afrika haben sich bei Begräbnissen mit Umarmungen und Küssen von Ebola-Opfern verabschiedet. Hier würden sie kremiert werden und die Gefahr wäre gebannt. Zudem sind die Spitäler gut ausgerüstet, das Personal ausgebildet und mit Quarantäne-Situationen vertraut. Jede Grippe ist gefährlicher als Ebola."

Zur Panikmache der WHO meint er Folgendes:

„Sie sind ein vehementer Befürworter von Impfungen. Wieso gibt es noch keinen Impfstoff gegen Ebola?

Im Prinzip gibt es den schon. Den Impfstoff könnten meine Studenten in einem halben Jahr beweisen. Nur war damit bisher kein Geld zu verdienen. Die Industrie investiert nicht hunderte Millionen in eine Impfung, die sie nicht verkaufen kann. Jetzt würde man natürlich reich. Warten sie nur, in ein paar Monaten ist der Impfstoff da. Die Panikmache nützt also der Industrie. Ja, und der Forschung. Die WHO hofft dank ihrer Panikmache auch nur auf Gelder. Das haben sie schon bei der sogenannten Schweinegrippe-Epidemie und bei der Vogelgrippe gemacht. Eigentlich sollten sich die mal entschuldigen."

Auch hier sehen wir klare Parallelen zum heutigen Coronavirus und der aktuellen Panikmache.

SARS (2002/2003)

Die sogenannte SARS-Pandemie trat 2002/2003 in China, Hongkong, Singapur, Kanada, Vietnam, Taiwan, den USA und England auf. In diesen Ländern verbreitete sich das Virus lokal weiter. In weiteren Ländern wurde es nur bei Reisenden nachgewiesen. SARS steht für severe acute respiratory syndrome und wird durch das Coronavirus SARS-CoV ausgelöst. Es ist der Verursacher des schweren akuten Atemwegsyndroms. Der Ausbruch begann im November 2002 in Südchina. Das Virus verbreitete sich binnen weniger Wochen über nahezu alle Kontinente und forderte innerhalb eines halben Jahres 774 Menschenleben. Der eine oder andere kann sich vielleicht noch an die damalige Aufregung in den Medien erinnern. Allerdings war man mit großer Mehrheit der Ansicht, es handele sich um eine „Asiatische Seuche". Die WHO nannte das Virus „Sars-CoV". Es ähnelt dem neuen Coronavirus, das sich gerade weltweit ausbreitet und innerhalb dieser Familie neu entdeckt wurde. Hier noch ein Chart der WHO, der die SARS-Todesfälle auf der Zeitachse anschaulich dokumentiert.[6]

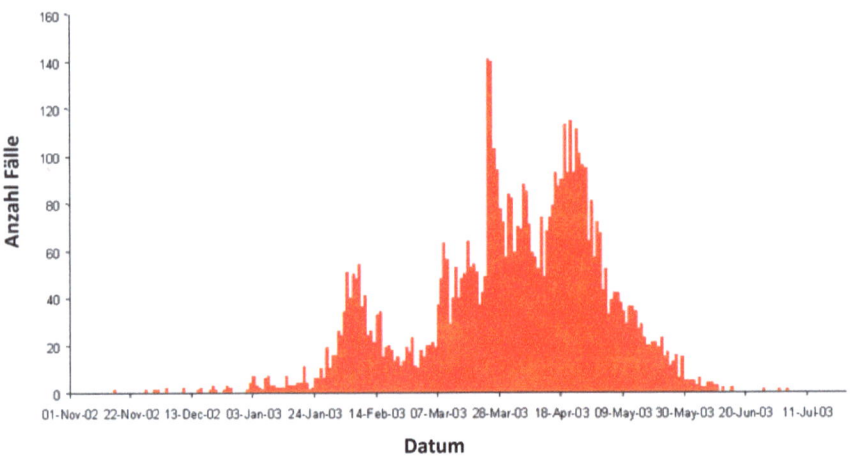

Probable cases of SARS by week of onset
Worldwide* (n=5,910), 1 November 2002 - 10 July 2003

Es ist leicht erkennbar, dass die Bedeutung von SARS viel zu hoch eingeschätzt wurde. Heute wird jedoch nach wie vor von SARS geredet, meistens, um irgendetwas zu beweisen oder Wichtiges sagen zu wollen. Dass die Fallzahlen derart unbedeutend sind, wird geflissentlich übergangen und somit sind sich die wenigsten dieser Tatsache bewusst!

MERS (ab 2012)

Das 2012 entdeckte MERS-Coronavirus (MERS = Middle East respiratory syndrome = Nahöstliches respiratorisches Syndrom) breitete sich Ende Mai 2015 in Südkorea aus.[7] Ich kann mich noch gut an die damalige Situation erinnern. Die Seuche MERS gefährdete den Besuch des Koreanischen Staatsballetts beim Basler Ballett. Der erste Fall trat in Südkorea am 20. Mai 2015 auf. Der mit dem MERS-CoV infizierte Mann besuchte zuvor vier Länder im Nahen Osten. Die grippeähnlichen Symptome stellte der Mann bereits am 4. Mai

2015 fest. Die Ärzte erkannten bei einer Untersuchung das MERS-CoV nicht. Der Mann wurde somit nicht isoliert. In der Folge infizierten sich insgesamt 25 Menschen, welche sich in unmittelbarer Umgebung des Mannes aufhielten. Unter den Infizierten waren Patienten und Pflegepersonal aus dem behandelnden Krankenhaus sowie Familienmitglieder und Krankenbesucher. Einige dieser Personen befanden sich im gleichen Zimmer wie der Erstinfizierte. Andere infizierte Personen hielten sich lediglich im selben Krankenhaustrakt auf.

Eine der Personen mit Krankheitssymptomen, welche sich in der Nähe des Erstinfizierten aufgehalten hatte, begab sich entgegen den ärztlichen Empfehlungen auf eine Reise nach Guangdong in China. Am 29. Mai 2015 meldete China, dass beim zugereisten Patienten das MERS-CoV festgestellt wurde. Am 9. Juni 2015 meldeten Forscher aus China und Südkorea, dass sie die Gensequenz der in beiden Ländern zirkulierenden MERS-Viren an isolierten Exemplaren identifiziert hätten. Die Gensequenzen der Virenarten aus den beiden Ländern unterschieden sich in wenigen Aminosäuren. Die Forscher benötigten nun weiteres Datenmaterial, damit sie die Herkunft dieser Virengeneration festlegen und deren rasche Ausbreitung erklären konnten.

Am 18. Juni 2015 hatte Thailand seinen ersten MERS-Fall gemeldet. Bei einem aus Oman eingereisten Mann wurde das Virus identifiziert. Bis zum 20. Juni 2015 wurden in Südkorea (165 Fälle) und in China (1 Fall) insgesamt 166 MERS-CoV-Infektionen bestätigt. 24 Menschen starben bis zu diesem Datum an der Infektion. Der Seuchenausbruch in Südkorea war der größte Ausbruch außerhalb von Saudi-Arabien, wo die Seuche erstmals im April 2012 festgestellt wurde. Von April 2012 bis im Juni 2015 wurden total 1 333 MERS-Infektionsfälle (davon über 80 % in Saudi-Arabien) in 26 Ländern entdeckt.

Der Bericht, der am 10. Juni 2015 in der FAZ publiziert wurde, kommt uns sehr bekannt vor. Unter dem Titel „Grassierendes Virus: Mers-Krankheit schreckt Asien auf"[8] wurde Folgendes publiziert.

„Die in Südkorea grassierende Lungenkrankheit Mers schreckt nun auch die Nachbarländer auf. Sie beginnt, den Geschäftsverkehr und Tourismus in Asien zu behindern. Der Stadtstaat Singapur misst ab sofort bei allen Reisenden aus Südkorea die Temperatur. Das Drehkreuz zählt mindestens 14 Direktflüge täglich zwischen Seoul und Singapur. Die Geschäftsmetropole Hongkong hat eine „rote Warnung" gegenüber Reisen nach Südkorea erlassen. Dies bedeutet, dass alle nicht dringend notwendigen Reisen verschoben werden sollten. Taiwan hat seine Reisewarnung von Seoul auf das ganze Land ausgeweitet. [ ] Das Virus ist seit April 2012 bekannt. Die Krankheit beginnt meist mit einer akuten grippeähnlichen Erkrankung. Die Inkubationszeit beträgt in der Regel ein bis zwei Wochen. Bei schweren Verläufen kann sich eine Pneumonie entwickeln, die in ein akutes Atemnotsyndrom übergehen kann. Ein häufiges Begleitsymptom ist Durchfall; bei schweren Verläufen kann auch Nierenversagen auftreten. Weltweit liegt die Zahl der Infektionen nun bei 1257, wovon 448 zum Tode führten. Südkorea beklagt die meisten Fälle nach Saudi-Arabien."

Interessanterweise handelte es sich bereits bei der MERS-Seuche um Corona-Viren, die auch die Lunge befallen können. Die Todesrate von MERS lag nach Angaben des Europäischen Zentrums für Seuchenprävention und -kontrolle (ECDC) bis zum November 2014 bei rund 40 %! Kein Wunder, hyperventilierte man in ganz Asien. Bei uns in Europa waren praktisch keine Reaktionen vernehmbar. Dies ist schlecht, denn MERS könnte Europa heute als schlechtes Beispiel dienen; nämlich wie man es nicht machen sollte. Später stellte sich der ganze MERS-Hype als unbedeutend heraus und die getroffenen Maßnahmen als unverhältnismäßig. So wie heute hat man Todesfälle infolge gravierender Vorerkrankungen bei Vorliegen des MERS-Virus als MERS-Todesfälle deklariert. Das RKI hat bis heute rund 2500 MERS-Infektionen mit 850 Todesfällen dokumentiert.

Schweinegrippe (2009/2010

Ende April 2009 warnte die Weltgesundheitsorganisation (WHO) vor der Gefahr einer neuen Pandemie. Anfang Juni 2009 wurde die Schweinegrippe von der WHO trotz der geringen Pathogenität als Pandemie eingestuft. Die WHO hatte kurz zuvor ihre Definition, was eine Pandemie sei und auslöst, überarbeitet und die Bezugnahme auf die Worte „mit einer enormen Anzahl von Todesfällen und Krankheiten" in der neuen Fassung weggelassen (im Kapitel Lehren und Schlussfolgerungen wird darauf noch näher eingegangen). Zusätzlich wurde auch noch bekannt, dass bereits viele Menschen Antikörper gegen dieses Virus aufwiesen. Mit den bis zum Frühjahr 2009 gültigen Pandemie-Definitionen wäre die Ausrufung einer Pandemie durch die WHO nicht möglich gewesen. Dic Anzahl der Todesfälle waren in Anbetracht der Ausrufung einer Pandemie sehr gering. Die WHO begründete die Maßnahmen damit, dass das Schweinegrippevirus eine Verwandtschaft mit einem früheren H1N1-Subtyp, der für die Spanische Grippe 1918/19 verantwortlich war, aufweise.

Allerdings hat sich herausgestellt, dass bereits vor Beginn der Ausrufung der Pandemie klar war, dass dies angesichts der mild verlaufenden Viruserkrankungen massiv übertrieben war. So erschien bereits am 5. Februar 2010 ein Artikel im Forbes Magazin mit dem Titel: „Why The WHO Faked A Pandemic"[9], der die Rolle der WHO aufs Kritischste beleuchtete. Dr. Wodarg, der eine der treibenden Kräfte der Untersuchung im Europaparlament gegen die intransparenten Machenschaften der WHO war, hat auf seiner Homepage eine detaillierte Abhandlung darüber zusammengestellt.[10] Hier ein kleiner Auszug daraus:

„Die höchsten Preise für Medikamente sind dann zu erzielen, wenn Patienten nach dem letzten Strohhalm suchen, wenn sie also in ihrer Angst und Not bereit sind, ihr Vermögen für etwas hinzugeben, was ihnen vielleicht doch noch Linderung oder Genesung verspricht. Krebskranke oder andere Patienten mit Angst oder chronisch quälenden Beschwerden sind deshalb bevorzugte Zielgruppen der Arzneimittelindustrie.

Aber wenn Patienten keine Angst haben, dann muss ihnen diese eben durch sensationsträchtige Berichte, unkritische Kommentatoren und aufrüttelnde Bilder gemacht werden. Wie wir seit der Vogelgrippe wissen, funktioniert diese Strategie offenbar auch auf dem Umweg über die Politik, die sich dann genötigt sieht, für ihre verängstigte Bevölkerung Pillen und Impfungen zu bestellen.“

Sogar noch im August 2010, also über ein Jahr, nachdem bereits festgestellt wurde, dass die Schweinegrippe praktisch folgenlos war, hielt die WHO in ihrem Bulletin Nr. 112[11] an den Gefahren der Schweinegrippe fest und beharrte darauf, dass sich die Situation noch nicht geändert habe.

Corona-Virus

Jetzt im Jahre 2020 überzieht wiederum eine „Jahrhundertseuche“ die Welt. Wenn man die Medien betrachtet, könnte man meinen, die Pest sei wieder ausgebrochen oder die spanische Grippe. Entsetzt sieht die Welt sich immer neuen Maßnahmen ausgesetzt, die nicht einmal während der Pest im Mittelalter ergriffen wurden. Damals konnte man noch fliehen. Heute jedoch ist sogar die Reisefreiheit beschnitten. So hat beispielsweise Italiens Premierminister Giuseppe Conte bereits am 9. März 2020 ganz Italien wegen der Coronavirus-Epidemie zur Sperrzone erklärt und angekündigt, die Reisefreiheit zu stoppen. Die Dynamik ist ungebremst. Normalerweise werden Beschlüsse auf ihre Wirksamkeit hin überprüft werden, indem man einige Zeit verstreichen lässt und dann erst begutachtet, ob sie auch wirken. Hier ein typisches Beispiel aus Italien, wie in der Coronakrise verfahren wird. Beschlüsse werden bereits am nächsten Tag verschärft ohne eine Möglichkeit, deren Wirksamkeit überhaupt zu kennen. Dabei ist Italien in guter Gesellschaft mit praktisch sämtlichen Ländern weltweit.

Coronavirus – Sperrzonen in Italien
Betroffene Gebiete

Seit 22. Februar	Seit 8. März	Seit 9. März
Elf Gemeinden in zwei Provinzen in Norditalien	Region Lombardei mit Mailand und weitere Provinzen	Ganzes Land

Grafik: Eigene Darstellung

Mittlerweile haben sich weltweit fast ausnahmslos alle Länder diesen Maßnahmen angeschlossen und die Freiheit ihrer Bürger drastisch beschnitten. Dies reicht von einem Ansammlungsverbot bis hin zu Hausarrest, der nur zum Einkaufen von Lebensmitteln für Einzelpersonen unterbrochen werden darf. Es stellt sich zurecht die Frage, ob es sich wiederum um eine Neuauflage einer „Schweinegrippe" handelt und die Maßnahmen überhaupt indiziert sind?

Bei näherem Betrachten sehen wir sehr viele Parallelen zu früheren „Pandemien" wie Schweinegrippe, SARS oder der Vogelgrippe. Obwohl immer von Anfang an sehr kritische Stimmen von Experten vorhanden waren, wurden diese jeweils ignoriert. Im Nachgang fand auch nie eine kritische Auseinandersetzung mit den Fakten statt.

3 Hilfe – jetzt hat es Prinz Charles erwischt

Dieses Kapitel soll zeigen, dass die Informationsflut weltweit unendlich ist und wir mit Banalitäten überschwemmt werden. Dies lenkt von den eigentlichen Problemen ab und frisst unsere beschränkten Zeitressourcen.

Hilfe, jetzt hat es auch Prinz Charles mit seinen 71 Jahren erwischt, er wurde positiv auf Corona getestet. Dies meldete „Clarence House", die offizielle Residenz von Prinz Charles, am 25. März 2020.[12] „Der Prinz von Wales ist bei guter Gesundheit und zeigt milde Symptome", heißt es. Hier die Originalmeldung:

> *„The Prince of Wales has tested positive for coronavirus."*
> *„He has been displaying mild symptoms but otherwise remains in good health and has been working from home throughout the last few days as usual."*

Er habe die letzten Tage von zu Hause gearbeitet. Bei seiner Frau Camilla (72) sei der Test negativ ausgefallen. Das Paar befinde sich zurzeit in der Selbstisolation im schottischen Aberdeenshire auf Schloss Balmoral.

> *„The Duchess of Cornwall has also been tested but does not have the virus. In accordance with government and medical advice, the Prince and the Duchess are now self-isolating at home in Scotland."*

Das Paar habe die Kriterien erfüllt, um getestet zu werden. Im Statement heißt es weiter: „Es lässt sich nicht feststellen, von wem der Prinz mit dem Virus angesteckt wurde, da er in den letzten Wochen eine große Zahl von Aufträgen in seiner öffentlichen Funktion wahrgenommen hat. Prinz Charles traf am

12. März noch die Queen. Achtung, diese ist mittlerweile 94 Jahre alt!

Prinz Charles hatte sich erst vor rund zwei Wochen am „WaterAid"-Event in London mit Fürst Albert von Monaco (62) getroffen, der ebenfalls positiv auf Corona getestet wurde. Neun Tage nach dem Treffen, bei dem sich Albert und Charles gegenübersaßen, wurde der Fürst positiv getestet.

Schwebt die Queen nun in Gefahr? Mit ihren 94 Jahren gehört sie eindeutig zu der Risikogruppe. Allerdings sind bei ihr keine Vorerkrankungen bekannt. Die Monarchin flüchtete aufgrund der Coronakrise aus dem Palast und befindet sich aktuell mit Ehemann Prinz Philip, der immerhin auch schon 98 Lenze zählt, im Schloss Windsor. Dort verbringt die Queen traditionell ihre Osterferien, in diesem Jahr ist sie allerdings schon eine Woche vorher angereist. Ihr ältester Sohn habe die Queen am 12. März getroffen, wie der Palast bestätigt. Sie befinde sich bei guter Gesundheit.

Also trotz lebensgefährlichem Coronavirus und fortgeschrittenem Alter ist für Prinz Charles kein Spitalaufenthalt notwendig, ja nicht einmal ärztliche Betreuung:

„He has been displaying mild symptoms but otherwise remains in good health."

Milde Symptome bei sonst guter Gesundheit. So sieht ein normaler Coronavirus-Fall aus!

Weiter hören wir von prominenten Fällen. So hat sich die bekannte Klimaaktivistin Greta Thunberg am 25. März 2020 ebenfalls wieder ins Gespräch gebracht. Mit einer angeblich bereits ausgestandenen Coronavirus-Erkrankung, die sie außer einigen milden ausgestandenen Symptomen gut überstanden hat. Auch ihr Vater habe das Coronavirus gehabt, dabei aber mehr gelitten als sie. Von ihren über 10 Millionen Followern in Instagram zeigten sich weit über 1 Million Anhänger begeistert von dieser Meldung und signalisierten dies mit einem Like (Daumen nach oben).

 gretathunberg ✔ The last two weeks I've stayed inside. When I returned from my trip around Central Europe I isolated myself (in a borrowed apartment away from my mother and sister) since the number of cases of COVID-19 (in Germany for instance) were similar to Italy in the beginning. Around ten days ago I started feeling some symptoms, exactly the same time as my father - who traveled with me from Brussels. I was feeling tired, had shivers, a sore throat and coughed. My dad experienced the same symptoms, but much more intense and with a fever.

Quelle: Instagram Meldung von Greta Thunberg vom 25.03.2020

Junge Corona-Opfer finden in der Presse immer besondere Erwähnung und stoßen auf große Resonanz bei der Leserschaft. So berichtet die Zeitung Le Parisien[13] am 27. März 2020 über eine 16-jährige französische Schülerin, die an einem Lungenversagen gestorben sei. Aus Gründen der ärztlichen Schweigepflicht wollten die Behörden jedoch keine weiteren Auskünfte zu dem Fall preisgeben. Dies lässt Raum für Spekulationen und wirkt geheimniskrämerisch, umso mehr, als dieser Fall so gar nicht zu den Statistiken passt. In solchen Fällen sollten der Presse auch Hintergründe erläutert werden.

Weitere skurrile Meldungen und „wichtige" Schritte im Kampf gegen das Coronavirus:

25.03.2020 – 10:50 Vorerst kein Wasserspiel auf dem Bundesplatz in Bern[14]

„Wegen des Coronavirus verzichtet die Stadt Bern derzeit auf die Wiederinbetriebnahme des Wasserspiels auf dem Bundesplatz. Sie will damit Menschenansammlungen rund um die Fontänen vermeiden. Stets Ende März oder Anfang April setzt die Stadt Bern normalerweise das Wasserspiel nach den winterlichen Reinigungs- und Unterhaltsarbeiten wieder in Betrieb. Aufgrund der Corona-Pandemie und den damit verbundenen Einschränkungen im öffentlichen Raum werde die Inbetriebnahme nun aber bis auf Weiteres verschoben, so eine Mitteilung der Stadt Bern."

… und andere Absurditäten: **Wegen des Coronavirus hat der italienische Reifenhersteller Pirelli seinen berühmten Kalender fürs nächste Jahr gestrichen**[15]

„Im Lichte des gegenwärtigen Covid-19-Notstands haben wir entschieden, Produktion und Erscheinen des Pirelli Calendar 2021 abzusagen". Dies teilte das Unternehmen am Dienstag auf Twitter mit. Stattdessen wolle man 100 000 Euro für den Kampf gegen das Coronavirus."

Wenn wir uns über das Coronavirus schlaumachen möchten, ist das eine gute Absicht, die jedoch zum Scheitern verurteilt ist. An einem Ort lesen wir etwas Alarmierendes, was in einem nächsten Artikel als Falschmeldung dargestellt wird. Auch wenn wir uns die Statistiken mit Infektionen, Sterbefällen etc. anschauen, hilft uns dies nicht viel weiter. Uns fehlt die Methodik, welche sich hinter den Zahlen verbirgt. Somit hilft ihnen dieses Buch, um sich ein umfassendes Wissen über die Corona-Thematik zu verschaffen.

4 Warum nehmen die Corona-Fälle so stark zu?

Statistik ist, was wir fühlen, oder etwa nicht? Wenn wir die Statistikmethoden bei der aktuellen Corona-Krise analysieren, muss man dem zustimmen. Die Testkapazitäten waren von Anfang an bescheiden und nehmen jetzt laufend zu. Damit man versteht, wie sich die Statistik dabei entwickelt, gebe ich hier ein Beispiel:

Ich mache 100 Corona-Tests und finde in 10 Fällen eine Corona-Infektion, was 10 % entspricht. Eine Woche später kann ich 1 000 Tests durchführen. Ich finde jetzt 100 Corona-Infektionen. Dies entspricht immer noch 10 %. Haben jetzt die Corona-Fälle zugenommen? Ja natürlich, sagt die Corona-Statistik. Wir haben 90 neue Fälle, also eine Zunahme von 900 %. Stimmt diese Rechnung aus Sicht der Statistik? Nein, natürlich nicht. Die Coronafälle haben keinesfalls zugenommen. Es sind immer noch 10 % positive Tests. Nur aufgrund meiner ausgeweiteten Tests darauf zu schließen, dass die Corona-Fälle zugenommen hätten, ist gelinde gesagt Schwachsinn. Es liegt auf der Hand, dass im Verlaufe der Corona-Krise die Testkapazitäten laufend zunehmen werden. Mit dieser absolut unhaltbaren Schlussfolgerung werden natürlich die Corona-Fälle in der Corona-Statistik laufend zunehmen. Auch die Sterberate wird durch das selektive Testverfahren an Kranken verfälscht. Um eine statistische Aussage vornehmen zu können, müsste eine unabhängige und repräsentative Stichprobe der Bevölkerung genommen werden.

Was allerdings noch viel tragischer ist, ist der Umstand, dass die Politiker aufgrund von solchem statistischen Unsinn Maßnahmen ergreifen. Unsere Massenmedien verbreiten den Unsinn laufend und tragen so zur Panikmache bei.

Und warum ist dies so? Was für jeden Menschen gilt, gilt auch für Politik und Medien. Der britischen Psychologe Peter Wason wies in den 1960er Jahren dieses Phänomen nach.[16] Wir bevorzugen Zeitungen und Artikel, die unsere vorhandenen eigenen Ansichten stützen. Was geschieht, wenn Menschen mit wissenschaftlichen Beweisen konfrontiert werden, die ihrer persönlichen Überzeugung widersprechen? 2010 zeigt Geoffrey Munro von der Universität Towson in einer Studie, dass viele von uns in einer solchen Situation den Schluss ziehen, das vorliegende Thema sei wie andere auch für wissenschaftliche Untersuchungen ungeeignet. Er bezeichnete dies als „Ausrede für wissenschaftliche Impotenz".

Interessanterweise trifft dies auch bei der durch das Corona-Virus ausgelösten „Pandemie" zu. Selbst Statistiken, die eindeutig die relativ unbedeutenden Gefahren des Corona-Virus beweisen, werden negiert. Bereits in einer frühen Phase, bevor Lockdown-Strategien in Europa großflächig umgesetzt waren, war beispielsweise die Statistik der Sterbefälle in China aufgrund von Coronaviren jedermann zugänglich. Diese zeigt, dass praktisch ausschließlich ältere Personen mit Vorerkrankungen betroffen sind. So hat die NZZ in ihrem Artikel „Wer stirbt am ehesten am Coronavirus? – Nicht das kleine Mädchen" vom 20. Februar 2020 die chinesische Todesfallstatistik analysiert.[17] Es muss festgestellt werden, dass diese mehrheitlich negiert wurde, indem auch nicht betroffenen Bevölkerungsteilen massive Restriktionen auferlegt wurden. Alternativ hätte zumindest über einen Schutz der effektiv gefährdeten Bevölkerungsgruppe, nämlich alte, mit Vorerkrankungen belastete Menschen, nachgedacht werden müssen. Mitte März war dann noch die Todesfallstatistik der Corona-Opfer aus Italien verfügbar. Diese zeigte noch eindeutiger, dass praktisch ausschließlich ältere Personen mit Vorerkrankungen gefährdet sind. Unter dem Titel „Report sulle caratteristiche die pazienti deceduti positivi a COVID-19 in Italia Il presente report è basato sui dati aggiornati al 17 Marzo

2020"[18] wurden vom Instituto Superiore di Sanita, Italien, die folgenden Facts bekannt gegeben:

- Durchschnittsalter der an Covid-19 Verstorbenen:
  ➔ 79.5 Jahre (Medianalter 85 Jahre)
- Verstorbene mit 3 Vorerkrankungen   48.5 %
  Verstorbene mit 2 Vorerkrankungen   25.6 %
  Verstorbene mit 1 Vorerkrankung   21.6 %
  Verstorbene ohne Vorerkrankung   0.8 %

Aus dem Online-Portal Watson vom 15. März 2020[19]

Schreierischer Titel „Seuchen-Experte sagt, was in der Krise der größte Fehler ist, den man machen kann." Das Onlineportal Watson machte in seinem Artikel über das Corona-Virus folgende Ausführungen:

*„Die Zahl der Corona-Infizierten ist am Wochenende rasant angestiegen. Innerhalb von 24 Stunden registrierte das Bundesamt für Gesundheit 800 neue Fälle, wie es am Sonntagmittag mitteilte. „**Die Schweiz entwickelt sich so immer mehr zum Seuchenherd Europas.**" Oder sogar der Welt. Bei den Infizierten pro Million Einwohner liegen wir mittlerweile auf Rang 2 hinter Italien. Natürlich wird nicht in jedem Land gleich intensiv gemessen, deshalb sind die Zahlen mit Vorsicht zu betrachten. Sicher ist: Die Lage ist in der Schweiz sehr ernst. [...] Wer verhält sich in der aktuellen Situation richtig? Abwarten und schauen, wie sich die Situation weiterentwickelt? Oder sofort rigoros durchgreifen?"*

Und dann darf Dr. Michael Ryan, Geschäftsführer der WHO, seine Meinung kundtun, mit gemäß Watson klarer Meinung. Er bekämpfe ja seit 25 Jahren akute Risiken für die globale Gesundheit. Polio, Sars und Ebola etwa. Gestern habe er in

Genf klare Worte gewählt und gesagt, was in der Krise zu tun ist und was der größte Fehler sei:

„Was wir von den Ebola-Ausbrüchen gelernt haben, ist, dass wir schnell reagieren müssen. Man muss das Virus jagen. Man muss die Transmissionsketten stoppen. Man muss die Bevölkerung sehr stark miteinbeziehen. Die Akzeptanz der Bevölkerung ist sehr wichtig. Man muss koordiniert sein. Man muss kohärent sein. Man muss auf die anderen sektorellen Auswirkungen schauen: die Schulen, die Sicherheit, die Wirtschaft. [...] Die Lektionen, die ich nach so vielen Ebola-Ausbrüchen in meiner Karriere gelernt habe, sind: Sei schnell, bereue nichts, du musst den ersten Zug machen. Das Virus wird dich immer einholen, wenn du dich nicht schnell bewegst.

Eines der wichtigsten Dinge bei der Behandlung eines Notfalls ist: [...] Wenn du dich absicherst, bevor du handelst, wirst du nie gewinnen. Perfektion ist der Feind von Gut, wenn es um Notfall-Management geht. Tempo übertrumpft Perfektion.

Und das Problem, welches wir in der Gesellschaft momentan haben, ist, dass alle Angst haben, einen Fehler zu machen. Alle haben Angst vor den Konsequenzen eines Fehlers. Aber der größte Fehler ist, nicht zu handeln. Der größte Fehler ist, wenn man sich durch die Angst von Fehlern paralysieren lässt."

Aha, also ein unterschwelliger Vergleich mit Ebola wurde hier von Dr. Michael Ryan, Geschäftsführer der WHO, zum Besten gegeben. Dies, obwohl bereits Anfang März 2020 die ausführliche Statistik mit den Sterbefällen aus China veröffentlicht war. Diese beweist eindrücklich, dass sich das Corona-Virus eben gerade nicht als letal erwiesen hat und praktisch ausschließlich alte Menschen mit einer oder mehreren Vorerkrankungen starben! Die vorsichtige Wortwahl von Dr. Michael Ryan lässt vermuten, dass auch er bereits in Kenntnis der Statistik aus China war! Die Aussagen könnte man vielleicht noch bei einem Politiker akzeptieren. Aber als Geschäftsführer der WHO hätte zumindest hier die Entwarnung kommen müssen, mit dem Hinweis auf die Erfahrungen bezüglich der Todesfälle in China.

Interessanterweise kommen auch kritische Stimmen von ausgewiesenen und erfahrenen Experten nicht auf den Tisch. So hat der Virologe Dr. Wodarg bereits in einer frühen Phase ganz klar festgehalten, dass Coronaviren schon immer unser Leben begleitet hätten und daran nur neu sei, dass man jetzt diese neuen Coronaviren testen könne und man genauer hinschaue. Er hat dies übrigens in einem Interview gesagt, bevor die Sterbestatistik aus China vorlag. Mit dem Vorliegen dieser Statistiken haben sich seine Einschätzungen bereits in dieser frühen Phase als hundertprozentig zutreffend erwiesen. Die Tatsache, dass er bereits im Europarat in einer Expertengruppe bei früheren sogenannten Pandemien wie beispielsweise der Schweinegrippe vertreten war, steigert seine Glaubwürdigkeit extrem. Umso unverständlicher ist es, dass seine Aussagen international völlig ignoriert werden. Es ist bezeichnend, wie Dr. Wodarg in den Medien behandelt wird. So titelt die Welt in ihrem Artikel vom 19. März 2020: „Was Virologe Drosten den wirren Corona-Aussagen eines Lungenarztes entgegnet."[20] Im Artikel wird keine einzige Aussage von Dr. Wodarg widerlegt. Die von der Welt wiedergegebenen Interview-Aussagen von Dr. Drosten sind kursiv dargestellt.

Behauptung 1 von Dr. Wodarg: Infektionen mit dem neuen Coronavirus verlaufen genau so harmlos wie die mit den altbekannten.

„Selbst, wenn Infektionen mit dem neuen Coronavirus genauso harmlos verliefen wie die mit den altbekannten,

wäre das Drosten zufolge bedenklich. Es seien einfach zu viele Fälle auf einmal. Hinzu kommt, dass der Verlauf mit dem neuen Virus nicht so harmlos ist."

Dr. Drosten bestätigt die Aussagen von Dr. Wodarg. Mit einem Hinweis auf eine potenzielle künftige Zunahme der Infektionen und dem Hinweis, dass das neue Virus nicht so harmlos sei.

Behauptung 2 von Dr. Wodarg: Die Corona-Toten fallen in der Statistik gar nicht weiter auf.

„Auch mit dem Vorwurf, dass die Toten in der Statistik gar nicht weiter auffallen würden, räumt der Virologe auf. „Es gibt Tote in der Statistik wegen des neuen Coronavirus, aber die sind im Vergleich zur Gesamtletalität der Bevölkerung aktuell verschwindend gering." Das werde sich aber ändern."

Dr. Drosten bestätigt auch diese Aussage von Dr. Wodarg. Er weist aber auf eine potenzielle künftige Zunahme der Todesfälle hin.

Behauptung 3 von Dr. Wodarg: Die Corona-Krise ist ein „Hype". Die Krankenhäuser werden belastet „durch die vielen Fragen und durch die Panik, aber nicht durch neue Krankheitsfälle". Es sind leichtfertige und unberechtigte Quarantänemaßnahmen und Verbotsregelungen.

„Diese Behauptungen widersprechen den Erkenntnissen von Forschern weltweit. Sie werden auch durch die Berichte aus Ländern widerlegt, in denen hohe Fallzahlen verzeichnet werden, etwa Italien. Behördlichen Maßnahmen nicht Folge zu leisten gefährdet die Gesundheit und kann strafbar sein."

Dr. Drosten spricht von Erkenntnissen von Forschern weltweit und argumentiert mit den hohen Fallzahlen in Italien. Dies sind natürlich schwache Argumente. Auch den Hinweis darauf, es sei strafbar, behördlichen Maßnahmen keine Folge zu leisten, hilft hier nicht weiter. Sämtliche von Dr. Wodarg vorgebrachten Argumente bestätigen sich jedoch in den Statistiken. Klammert man noch den Faktor „Vorerkrankungen" aus, löst sich das ganze Thema in Luft auf. Dass Italien bei jeder Grippewelle massivste Probleme in seinen Spitälern hat, ist notorisch. Gilt übrigens auch für andere Länder.

Der ganze Artikel in der Welt ist dazu bestimmt, Dr. Wodargs Glaubwürdigkeit anzuzweifeln. Er wird als Populist abgestempelt. Seine Verdienste im Zusammenhang mit seinen früheren Arbeiten mit Pandemien und deren Aufarbeitung, z. B. „Falscher Alarm: Die Schweinegrippe-Pandemie"[21], werden mit keinem Wort erwähnt. Dr. Wodarg ist übrigens auch der Urheber und Initiator der Untersuchungen des Europarates zur H1N1-Pandemie (Faked Pandemics). Ein kurzer Blick in die Vita von Dr. Wodarg[22] sollte jeden Virologen oder Politiker umgehend veranlassen, sich mit ihm in Verbindung zu setzen, um von seinem echten Expertenwissen zu profitieren. Leider ist festzustellen, dass gerade aus früheren Ereignissen keinerlei Erfahrungen zugelassen, geschweige denn genutzt werden. Das ist kurzsichtig und höchst bedauerlich. Also brauchen wir uns nicht zu wundern, wenn die Corona-Fälle laufend zunehmen und wir neue Schreckensmeldungen aus den Medien vernehmen.

Spannend ist in diesem Zusammenhang eine Studie mit großflächigen Tests in der Region Heinsberg.[23] Sie zeigt, dass über 15 % der Bevölkerung bereits mit dem Coronavirus in Berührung gekommen sind und eine Immunität erlangt haben. Dabei hat sich herausgestellt, dass die Mortalität bei nur 0.37 % liegt. Das ist fünfmal weniger, als uns immer vorgerechnet wird! Dazu wissen wir mittlerweile, dass fast ausschließlich alte Personen mit Vorerkrankungen betroffen sind. Ob diese wirklich am Coronavirus gestorben sind, wurde nicht systematisch untersucht. Diese Erkenntnisse sind dazu angetan, uns die Angst vor dem Coronavirus zu nehmen.

5 Warum sterben so viele?

Täglich lesen wir Horrorszenarien in der Presse über zahllose Todesfälle in Spitälern. Vor allem in Großbritannien, Spanien und Italien scheint die Situation aus dem Ruder zu laufen! Nachstehend die Fallstatistiken von European Centre for Disease Prevention and Control[24] per 25. Mai für Europa:

Land	Infektionen in %	Todesfälle in %	Infektionen Total	Todesfälle Total	Infektionen pro 100 000	Todesfälle pro 100 000
Großbritannien	0.390 %	0.055 %	259 559	36 793	390	55
Spanien	0.505 %	0.062 %	235 772	28 752	505	62
Italien	0.380 %	0.054 %	229 858	32 785	380	54
Deutschland	0.215 %	0.010 %	178 570	8 257	215	10
Frankreich	0.216 %	0.042 %	144 921	28 367	216	42
Belgien	0.500 %	0.081 %	57 092	9 280	500	81
Niederlande	0.263 %	0.034 %	45 236	5 822	263	34
Weißrussland	0.371 %	0.002 %	35 244	194	371	2
Schweden	0.329 %	0.039 %	33 459	3 998	329	39
Schweiz	0.358 %	0.022 %	30 767	1 909	358	22
Portugal	0.298 %	0.013 %	30 623	1 316	298	13
Irland	0.508 %	0.033 %	24 639	1 608	508	33
Polen	0.056 %	0.003 %	21 326	996	56	3
Rumänien	0.093 %	0.006 %	18 070	1 179	93	6
Österreich	0.186 %	0.007 %	16 439	640	186	7
Dänemark	0.196 %	0.010 %	11 360	562	196	10
Tschechien	0.084 %	0.003 %	8 957	315	84	3
Norwegen	0.156 %	0.004 %	8 309	235	156	4
Finnland	0.119 %	0.006 %	6 579	307	119	6
Luxemburg	0.657 %	0.018 %	3 992	110	657	18
Ungarn	0.038 %	0.005 %	3 756	491	38	5
Griechenland	0.027 %	0.002 %	2 878	171	27	2
Bulgarien	0.035 %	0.002 %	2 433	130	35	2
Kroatien	0.055 %	0.002 %	2 244	99	55	2
Estland	0.138 %	0.005 %	1 823	64	138	5
Island	0.510 %	0.003 %	1 804	10	510	3
Litauen	0.058 %	0.002 %	1 623	63	58	2
Slowakei	0.028 %	0.001 %	1 509	28	28	1
Slowenien	0.073 %	0.005 %	1 509	107	73	5

Grafik: Eigene Darstellung

Und ein Auszug über Fälle weltweit aus dem Onlineportal von ntv per 25. Mai 2020[25]:

Land (weltweit)	Infektionen in %	Todesfälle in %	Infektionen Total	Todesfälle Total	Infektionen pro 100 000	Todesfälle pro 100 000
USA	0.511 %	0.010 %	1 670 086	98 190	511	10
Brasilien	0.179 %	0.011 %	374 898	23 473	179	11
Russland	0.251 %	0.003 %	362 342	3 807	251	3
Indien	0.011 %	0.000 %	144 950	4 172	11	0
Iran	0.168 %	0.009 %	137 724	7 451	168	9
Peru	0.388 %	0.011 %	123 979	3 629	388	11
Kanada	0.235 %	0.018 %	87 105	6 654	235	18

Grafik: Eigene Darstellung

Wenn wir die bis jetzt gemeldeten Corona-Fälle anschauen, so sind dies weltweit über 5 Mio. Dabei sind gemäß Statistik über 340 000 Personen gestorben, was bedauerlich ist. Der Prozentanteil der Todesfälle liegt jedoch in sämtlichen Ländern auf der zweiten oder dritten Nachkommastelle! Dabei gilt es zu beachten, dass diese Sterbestatistik alle Verstorbenen zählt, bei welchen das Virus nachgewiesen wurde. In wie vielen Fällen das Coronavirus ursächlich für den Tod verantwortlich war, lässt sich daraus nicht ablesen. Wenn wir allerdings die Statistiken dieser Todesfälle anschauen, so ist etwas augenfällig: Das Durchschnittsalter liegt meistens bei rund 80 Jahren und der Median leicht höher. Dies bedeutet für den Statistiker, dass praktisch ausschließlich alte Personen dem Coronavirus erlagen. Starben diese tatsächlich am Coronavirus? Aus der von Italien erstellten Todesfallstatistik vom 17. März 2020[26] geht hervor, dass über 99 % bereits eine oder mehrere Vorerkrankungen hatten und nur knapp 1 % ohne Vorerkrankung waren.

Ferner geht aus der Statistik hervor, dass 97,25 % der Patienten an akuter Atemnot litten. Sehr interessant sind jetzt allerdings die verordneten Medikamente. Bei 83 % wurde Antibiotika verschrieben. Weiter wurden Virostatika (bei 52 %)

und Kortikostereoide (bei 27 %) eingesetzt. Bei 15 % der Patienten kamen alle 3 Medikamente zum Einsatz. Es ist bekannt, dass virale Infekte das Immunsystem schwächen und so anfällig für bakterielle Infekte machen können. Die Statistik zeigt, dass 97,2 % der Patienten an akuter Atemnot litten. Dies lässt auf Lungenentzündung schließen. Mehrheitlich sind Pneumokokken dafür verantwortlich. Weltweit ist die Lungenentzündung die mit größter Häufigkeit registrierte Infektionskrankheit. Insgesamt sterben auf der Welt jedes Jahr 3 bis 4 Millionen Menschen an einer Lungenentzündung. Dies wohlgemerkt bisher, also ohne das neue Coronavirus! In Westeuropa ist die Pneumonie unter allen Infektionskrankheiten die häufigste Todesursache! Lungenentzündung ist übrigens auch Todesfallursache Nr. 1 bei Grippe-Erkrankungen.

Italien ist nicht gleich Italien.

Noch mehr frage man sich, warum die prekären italienischen Verhältnisse nicht etwas genauer verifiziert und deren Entstehung und Hintergründe analysiert werden. Warum haben die Provinzen Lombardei und Emiglia-Romagna derart unverhältnismäßig mehr Corona-Patienten und Sterbefälle? Dieses Phänomen sehen wir anschaulich in der nachstehenden Statistik.[27] Die Lombardei und Emilia Romagna weisen zusammen über 50 % aller Coronafälle in Italien auf. Allerdings sind diese zwei Regionen für rund 70 % der Todesfälle verantwortlich! Also sind die immer wieder angeprangerten massiven Zahlen über Infektionen und Sterbefälle eigentlich nicht ein Problem von Italien, sondern insbesondere von zwei Regionen in Italien. Wenn wir beispielsweise die Region mit den dritthöchsten Sterbefällen anschauen, nämlich Piemont mit einer Einwohnerzahl gemäß Wikipedia von 4.4 Mio. Einwohnern, stellen wir fest, dass die ausgewiesenen Todesfälle mit 1 746 in etwa mit anderen Ländern übereinstimmen. Die Lombardei mit ihren rund 10 Mio. Einwohnern hingegen weist mit fast

13 000 Toten damit rund dreimal mehr Todesfälle bezogen auf die Einwohnerzahl auf (Stand 24.04.2020).

Italien Regionen	Infektionen Covid-19	Todesfälle Covid-19	Infektionen %	Todesfälle %	Differenz
Lombardia	71 254	12 946	38.9	55.8	16.9
Emilia Romagna	23 677	3 190	12.9	13.8	0.9
Piemonte	16 554	1 746	9.0	7.5	-1.5
Veneto	17 238	1 207	9.4	5.2	-4.2
Liguria	6 881	556	3.8	2.4	-1.4
Marche	5 966	541	3.3	2.3	-1.0
Toscana	7 722	540	4.2	2.3	-1.9
Trento	4 365	381	2.4	1.6	-0.8
Puglia	3 881	373	2.1	1.6	-0.5
Lazio	6 080	304	3.3	1.3	-2.0
Bolzano	2 389	262	0.6	1.1	0.5
Friuli Venezia Giulia	2 483	245	1.4	1.1	-0.3
Campania	4 212	196	2.3	0.8	-1.5
Sicilia	2 620	187	1.4	0.8	-0.6
Valle d'Aosta	1 139	151	0.6	0.7	0.1
Sardegna	1 243	101	0.7	0.4	-0.3
Umbria	1 265	98	0.7	0.4	-0.3
Calabria	1 040	67	0.6	0.3	-0.3
Abruzzo	2 787	54	1.5	0.2	-1.3
Basilicata	186	23	0.1	0.1	-0.0
Molise	287	20	0.2	0.1	-0.1
Total	183 269	23 188			

im Verhältnis zu Fallzahlen mehr Todesfälle
im Verhältnis zu Fallzahlen massiv weniger Todesfälle

Grafik: Eigene Darstellung

Dass gerade Italien, vor allem die Provinzen Lombardei und Emilia-Romagna, so darunter leiden, ist allerdings kein Zufall und es keimt ein böser Verdacht auf. Italiens Krankenhäuser sind berüchtigt für multiresistente Keime. Patrice Nordmann, der Direktor des Nationalen Referenzlaboratoriums zur Früherkennung neuer Antibiotikaresistenzen, sagt: „Besonders in

Osteuropa, zum Beispiel in Polen, Ungarn oder Tschechien und in den Ländern Südeuropas wie Italien, Griechenland oder der Türkei ist das Problem resistenter Bakterien groß." Vor dem südlichen Nachbarn warnt er: „Italien kann gar als ein europäisches Epizentrum resistenter Bakterien bezeichnet werden."[28] Allein in der Schweiz sterben pro Jahr über 2 000 Patienten an resistenten Keimen! In Italien dürften es locker das 5-Fache pro Jahr sein, also 10 000 Tote.

Es braucht also niemanden zu verwundern, dass Patienten in Italien eine Übersterblichkeit aufweisen. Diese dem Coronavirus in die Schuhe zu schieben, ist unehrlich. Tatsache ist, dass auch Grippe und weitere Krankheiten in Italien eine Übersterblichkeit auslösen. Umso mehr, als bei vielen Sterbefällen die exakte Todesursache für die Corona-Statistik unerheblich ist.

Kommen wir noch zu einem weiteren oft unterschätzten Sterbegrund: Falschbehandlungen. Spitalaufenthalte bergen große Risiken. Gemäß BAG verursachen medizinische Fehler in Schweizer Spitälern jedes Jahr schätzungsweise 2 000 bis 3 000 Todesfälle.[29] Auch hier dürften in Italien rund das 5-Fache, also 10 000–15 000 Fälle eintreten. Und welche der 15 % Todesfälle, bei welchen gleich 3 Therapien mit Antibiotika, Virostatika und Kortikostereoide zum Einsatz kamen, sind auf Fehlbehandlungen zurückzuführen? Hier kann sich jeder selber eine Meinung bilden.

Aber all dies erklärt keineswegs die doch sehr gehäuften Sterbefälle in der Lombardei. Was also könnte der effektive Grund sein? Wieder einmal dürfte ein ganz profaner Fehlentscheid die Erklärung sein. Getroffen wurde dieser in der Meinung, Gutes zu tun und zu helfen. So hat der Regionalrat auf Vorschlag von Ratsmitglied Giulio Gallera mittels Dekret 2906 vom 8. März 2020[30] beschlossen, Corona-Patienten mit weniger starken Symptomen in Alterseinrichtungen verlegen zu lassen, um Kapazitäten für die künftige Akutversorgung zu

schaffen. Hier ein Auszug aus dem Dekret mit den Verantwortlichen:

Regione Lombardia
LA GIUNTA

DELIBERAZIONE N° XI / 2906   Seduta del 08/03/2020

Presidente   **ATTILIO FONTANA**

Assessori regionali FABRIZIO SALA *Vice Presidente*   GIULIO GALLERA
STEFANO BOLOGNINI   STEFANO BRUNO GALLI
MARTINA CAMBIAGHI   LARA MAGONI
DAVIDE CARLO CAPARINI   ALESSANDRO MATTINZOLI
RAFFAELE CATTANEO   SILVIA PIANI
RICCARDO DE CORATO   FABIO ROLFI
MELANIA DE NICHILO RIZZOLI   MASSIMO SERTORI
PIETRO FORONI   CLAUDIA MARIA TERZI

Con l'assistenza del Segretario Fabrizio De Vecchi

Su proposta dell'Assessore Giulio Gallera

Dass in den Alters- und Pflegeheimen dann eine Ausbreitung
des Coronavirus erfolgte, ist nicht weiter verwunderlich. Da
schon in Spitälern elementarste Schutzvorkehrungen wie
Masken fehlten, waren diese selbstverständlich auch in den
Alters- und Pflegeheimen nicht vorhanden. Somit haben die
gut gemeinten Hyperaktivitäten von Politikern in Wahrheit ein
Fiasko angerichtet. Anstatt die Risikogruppe zu schützen,
wurde diese direkt angesteckt. Die NZZ schreibt in ihrem Artikel „Krasse Fehler in Spitälern und Altersheimen der Lombardei fordern Hunderte von Toten" [31] vom 9. April 2020 Folgendes:

*„Pio Albergo Trivulzio heißt eine große geriatrische Klinik
in Mailand. Dort starben in den letzten beiden Wochen*

mindestens 70 Bewohner nach einer Infektion mit dem Coronavirus. Es war ein eigentlicher Seuchenherd entstanden. Ähnliches geschah in mehreren weiteren Alters- und Pflegeheimen, unter anderem im schwer gebeutelten Bergamo. Medienberichte deuten darauf hin, dass nicht nur Versehen und Schlampereien zum Notstand in mehreren Altersheimen geführt haben, sondern eine geradezu systematische Unprofessionalität.

Die Regionalregierung verfügte laut einem Bericht der Website Brescia Today mit dem Erlass XI/2906 vom 8. März, Coronavirus-positive Patienten mit geringfügigen Symptomen seien aus überlasteten Spitälern in Altersheime zu bringen. Damit wurde das Virus geradezu gezielt zu alten und geschwächten Menschen getragen, zur eigentlichen Hochrisikogruppe. Ein hanebüchener Fehlentscheid, man schaffte eigentliche Todeszonen.

Doch damit nicht genug: Dem Pflegepersonal im Trivulzio-Spital wurde untersagt, eine Gesichtsmaske zu tragen – mit der Begründung, die alten Leute könnten sonst erschrecken. Damit sorgte man für die Weiterverbreitung des Virus innerhalb der Klinik, man förderte die reihenweise Ansteckung sowohl des Personals wie auch der Patienten. Ganz am Anfang der Epidemie wurde laut einem Bericht der Agentur AGI eine Hilfskraft entlassen, die auf dem Tragen einer Gesichtsmaske beharrte, weil sie hustete und fieberte, also Coronavirus-Symptome zeigte."

Das Trivulzio-Spital ist gemäß der eigenen Homepage eine Residenz in der Via Trivulzio in Milano neben dem neuen Stadtteil City Life. Sie verfügt über mehrere Abteilungen und einen Krankenhausdienst für die Pflege und Unterstützung älterer Menschen. Dies ist nur ein einzelner herausgegriffener Fall in der Lombardei. Es dürfte Dutzende gleich gelagerte Fälle geben. Auch bezüglich Schutzmasken und -ausrüstung liegt in

Italien einiges im Argen. In demselben Artikel der NZZ finden sich alarmierende Hinweise:

„Das größte Versagen in der ganzen Coronavirus-Krise aber ist wohl der Mangel an Gesichtsmasken, in Italien und anderswo. Das Fehlen banalster Ausrüstung trieb das italienische Gesundheitswesen streckenweise in den Zusammenbruch. Zu Tausenden arbeiteten Ärzte und Pfleger in Spitälern, aber auch Hausärzte und Hauspflegerinnen völlig ungeschützt. Nicht nur für sie selbst bestand damit ein hohes Ansteckungsrisiko, sondern auch für all ihre Patienten. "

Auch eine Grippewelle ist für alte, pflegebedürftige Menschen sehr oft tödlich. Es ist somit unverständlich, dass einerseits Corona-Patienten in Alters- und Pflegeheime abgeschoben wurden und andererseits die notwendigen Hygienemaßnahmen nicht eingehalten wurden.

Zustände in Italien – Interview der Weltwoche mit dem Zürcher Immunologieprofessor Onur Boyman.

Im Interview mit der Weltwoche verweist der Zürcher Immunologieprofessor Onur Boyman auf fehlende Betten auf der Intensivstationen in Italien.[32] 800 Personen seien deshalb schon gestorben. Das Komische ist nur, dass Alfredo Bazoli, Vorsitzender der Demokratischen Partei im Justizausschuss „Coronafälle" in der italienischen Zeitschrift Giornale di Brescia in einem Artikel vom 24. März 2020[33] darauf hinweist, dass in Venetien nur ein Drittel der Betten der Intensivstationen belegt sei, und fragt, warum in aller Welt Patienten von Brescia und Bergamo nach Deutschland gebracht würden, wo doch freie Betten nur einen Steinwurf weit entfernt liegen? Fragen wir uns ehrlich gesagt auch.

Halbgare Meldungen: 32-Jährige stirbt in Genf

„Die Schweiz hat ihr bisher jüngstes Corona-Opfer zu ver-
zeichnen. Wie die Genfer Regierung am Freitagabend mit-
teilt, ist bereits am Mittwoch eine 32-jährige Frau bei sich
zu Hause gestorben. Sie habe laut Kantonsarzt an einer
„ernsten Begleiterkrankung" gelitten und sei „ausserhalb
des Radars" gewesen - das Coronavirus sei erst nach ih-
rem Tod festgestellt worden. Wie „Tribune de Genève" be-
richtet, habe die Genfer Staatsanwalt eine Strafuntersu-
chung eröffnet, um die Umstände des Todes sowie etwa-
ige Fahrlässigkeit zu untersuchen (13. März, 17:46 Uhr
Schaffhauser Nachrichten)."

Aha, an einer ernsten Begleiterkrankung gelitten – suggeriert
wird, dass sie am Coronavirus gestorben sei! Korrekt ist wahrscheinlich, dass die Patientin „ernsthaft krank" war. Was in
aller Welt heißt „ernsthafte Begleiterkrankung"? Allein die
Tatsache, dass die „ernsthafte Begleiterkrankung" bereits vor
dem Wissen um den Coronavirus bekannt war, beweist, dass
in der Tat das Coronavirus eine Begleiterscheinung war und
nicht die „ernsthafte Begleiterkrankung". Ein wenig mehr ge-
sunder Menschenverstand würde solche Sprachregelungen
verhindern. Die angekündigte Untersuchung ist schon fast
peinlich. Das Resultat wird ergeben, was bereits der gesunde
Menschenverstand sagt. Aber eben – sämtliche Todesfälle, bei
welchen nachträglich das Coronavirus nachgewiesen werden
kann, werden in der Statistik als Corona-Opfer gezählt. Die
„ernsthafte" Erkrankung" wird dann zur „ernsthaften Begleiterkrankung" und der Todesfall zum Corona-Opfer.

Grippewelle 2017/2018 in Deutschland – schon vergessen?

Um die Zahlen richtig einzuordnen, muss man manchmal auch etwas in die Vergangenheit schauen. Am 26. März 2018 schrieb das Onlineportal wetter.com im Artikel „Grippewelle: Krankenstand so hoch wie seit 10 Jahren nicht"[34] Folgendes:

„Notstände in Krankenhäusern. Wie die Bild berichtet, führt die Grippewelle vor allem in Leipzig zu Notständen in Krankenhäusern. Patienten müssten anscheinend sogar abgewiesen werden, weil keine Betten mehr frei und die Kliniken komplett überfüllt seien. „Die Grippewelle 2018 übersteigt alles bisher Dagewesene", zitiert Bild einen Mitarbeiter des St.-Elisabeth-Krankenhauses in Leipzig. Die Situation sei noch dramatischer, da auch unter dem Personal der Krankenstand überdurchschnittlich hoch sei. In Mecklenburg-Vorpommern legt die Grippewelle laut ndr.de weiter zu. „Die Symptome sind nach Angaben von Ärzten stärker als sonst üblich. Viele Patienten bräuchten zwei bis drei Wochen, um gesund zu werden", berichtet ndr.de."

Wir vergessen oder verdrängen viel. So waren nach Schätzungen des Robert-Koch-Instituts infolge der Influenzawelle 2017/2018 in Deutschland rund 25 100 Tote zu beklagen. Der Wert liegt weit über dem Durchschnitt. Auszug aus der Medienmitteilung vom 30. September 2019[35]:

„In der Grippewelle 2017/18 sind geschätzt 25 100 Menschen in Deutschland durch Influenza gestorben. „Das ist die höchste Zahl an Todesfällen in den vergangenen 30 Jahren", betont Prof. Dr. Lothar H. Wieler, Präsident des Robert Koch-Instituts. So viele Todesfälle bei einer Grippewelle sind sehr selten, es gibt auch Saisons mit wenigen hundert Todesfällen."

Auch die Verbreitung 2017/2018 lässt aufhorchen:

„Die Mortalitätsschätzung ist im neuen Influenza-Saison-bericht enthalten. Der Saisonbericht beleuchtet detailliert den Verlauf der vorangegangenen - moderaten - Grippesaison 2018/19. Die Schätzung der bundesweiten Zahl der Influenza-assoziierten Todesfälle ist generell um ein Jahr verzögert, da die Daten nicht früher zur Verfügung stehen. Eine zentrale Größe bei der Beurteilung der Krankheitslast ist auch die Zahl der Arztbesuche, die der Influenza zugeschrieben werden. Für die Saison 2018/19 sind das rund 3,8 Millionen Arztbesuche. Die geringste Zahl gab es mit rund 800 000 in der Saison 2013/14, den höchsten Wert in der ungewöhnlich starken Grippewelle 2017/18 mit neun Millionen."

Aktuell hat Deutschland gerade einmal 6 900 Todesfälle (Stand 12.05.2020) infolge des Coronavirus zu verzeichnen. Was wurde während der dramatischen Grippewelle 2017/2018 in Deutschland mit über 25 000 Toten gemacht? Gar nichts, vor allem keine Panik geschoben!

Ja aber ..., das Coronavirus befällt doch die Atemwege, das kann nicht mit einer Grippe verglichen werden? Oder etwa doch? Lassen wir doch die Statistik sprechen. Nachstehend ein Auszug aus der Statistik des Statistischen Bundesamtes in Deutschland, welche eine deutliche Sprache spricht:

Todesfälle Deutschland Auszug aus Statistik 2017	Pneumonie	Chronische Krankheiten der unteren Atemwege
Alterskategorie	Männer/Frauen	Männer/Frauen
unter 1 Jahr	3	0
1 bis unter 15 Jahre	11	5
15 bis unter 20 Jahre	5	1
20 bis unter 25 Jahre	11	3
25 bis unter 30 Jahre	9	7
30 bis unter 35 Jahre	24	9
35 bis unter 40 Jahre	21	11
40 bis unter 45 Jahre	30	37
45 bis unter 50 Jahre	79	135
50 bis unter 55 Jahre	151	497
55 bis unter 60 Jahre	264	1 227
60 bis unter 65 Jahre	464	2 291
65 bis unter 70 Jahre	701	3 522
70 bis unter 75 Jahre	1 135	4 460
75 bis unter 80 Jahre	2 599	6 709
80 bis unter 85 Jahre	3 827	6 542
85 Jahre und mehr	10 244	10 057
Todesfälle Total	**19 578**	**35 513**

Grafik: Eigene Darstellung

Betrachtet man diese Zahlen, so fällt auf, dass Todesfälle aufgrund von Atemwegserkrankungen eben sehr häufig vorkommen. Sie sind keineswegs ein Alleinstellungsmerkmal von Covid-19. Im Jahr 2017 waren dies über 55 000 Fälle. Auch hier ist wieder gut bewiesen, dass vor allem ältere Menschen betroffen sind.

Es wird immer wieder behauptet, es gäbe eine massive Zunahme von Sterbefällen auch in der Schweiz. Interessanterweise beweist die offizielle Sterbestatistik des Bundesamtes für Statistik[36] das Gegenteil. Nachstehend sind die Todesfälle auf Wochenbasis 2020 im Vergleich mit den Vorjahren dargestellt. Man kann unschwer erkennen, dass auch in der Altersgruppe, die vom Coronavirus am meisten betroffen ist, keine übermäßige Sterblichkeit vorliegt.

Todesfälle Schweiz nach Altersklasse und Woche 2015-2020 - Alter 80 Jahre und mehr					
2020	2019 [3]	2018	2017	2016	2015
Woche					
1	835	876	1 058	1 153	849	921
2	862	877	1 035	1 204	808	967
3	906	871	964	1 184	836	981
4	867	910	883	1 126	846	970
5	905	920	927	1 051	873	1 025
6	829	949	897	1 075	839	1 084
7	879	998	909	898	837	1 235
8	857	1 002	946	880	832	1 174
9	860	1 009	1 047	893	826	1 157
10	850	933	998	852	820	1 034
11	873	910	963	754	789	991
12	957	837	870	795	807	928
13	1 004	819	834	709	822	800
14	1 221	865	848	749	817	793
15	1 049	769	831	737	755	765
16	992	824	721	711	680	787
17	812	776	680	756	713	748
	15 558	15 145	15 411	15 527	13 749	16 360

Grafik: Eigene Darstellung

Dabei müsste die Zahl der Todesfälle tendenziell zunehmen, da die Jahrgänge 1940–1950 massiv mehr Geburten zu verzeichnen hatten. Auch die Zahlen für alle Altersklassen zusammen zeigen dasselbe Bild:

49

Todesfälle Schweiz nach Altersklasse und Woche 2015-2020 - Alle Altersgruppen						
	2020	2019 [3]	2018	2017	2016	2015
Woche						
1	1 301	1 341	1 561	1 678	1 340	1 423
2	1 349	1 389	1 541	1 731	1 243	1 494
3	1 397	1 358	1 494	1 746	1 323	1 524
4	1 398	1 403	1 397	1 657	1 351	1 480
5	1 409	1 439	1 397	1 564	1 345	1 590
6	1 369	1 481	1 441	1 592	1 340	1 656
7	1 365	1 555	1 458	1 402	1 313	1 805
8	1 340	1 527	1 478	1 383	1 380	1 772
9	1 316	1 527	1 636	1 395	1 320	1 729
10	1 324	1 452	1 532	1 348	1 355	1 549
11	1 356	1 379	1 482	1 262	1 278	1 541
12	1 485	1 351	1 380	1 239	1 294	1 435
13	1 576	1 322	1 348	1 183	1 269	1 293
14	1 797	1 382	1 339	1 234	1 242	1 302
15	1 581	1 222	1 300	1 201	1 224	1 229
16	1 487	1 308	1 229	1 181	1 139	1 284
17	1 259	1 233	1 147	1 223	1 175	1 215
	24 109	**23 669**	**24 160**	**24 019**	**21 931**	**25 321**

Grafik: Eigene Darstellung

Bekannte Knappheit an Spitalbetten im Ausland

Immer wieder müssen überfüllte Spitäler als Maßstab für die Schwere einer Epidemie herhalten. Am 11. Januar 2017 meldete die NZZ folgende dramatische Situation aus Frankreich:[37]

> „(dpa) Eine schwere Grippewelle in Frankreich bringt manche Krankenhäuser des Landes an ihre Kapazitätsgrenze. Gesundheitsministerin Marisol Touraine forderte die Kliniken auf, notfalls nicht dringende Operationen aufzuschieben, um genug Betten für Grippepatienten zu haben. 142 von den 850 öffentlichen Krankenhäusern des Landes hätten eine angespannte Lage gemeldet, sagte Touraine am Mittwoch. „Es wird schwierig, Betten

*für alle zu finden", erzählte ein Arzt eines Krankenhauses
in Lyon dem Sender Franceinfo.*

*In den vier Wochen der Grippe-Epidemie seien schät-
zungsweise bisher 784 000 Menschen wegen Grippe-
Symptomen beim Hausarzt gewesen. Seit 1. November
wurden landesweit 627 Patienten mit schweren Grippesymptomen auf der Intensivstation behandelt, 52 von
ihnen starben. Wegen der grossen Zahl an Krankheitsfällen werde die Grippe-Bilanz in diesem Jahr wahrscheinlich schwer ausfallen, sagte Touraine.*

*Die Grippewelle habe in diesem Jahr früh begonnen, er-
klärte die Ministerin. Es handelt sich nach offiziellen Angaben vor allem um Influenza-Viren des Subtyps
A(H3N2), die besonders für alte Menschen gefährlich
sind. Die Behörden erwarten, dass der Scheitelpunkt der
Epidemie in Kürze überschritten wird. "*

Nein, es ist keine Meldung über das Corona-Virus Covid-19!
Man kann sich nur die Augen reiben!

Es ist spannend zu sehen, dass es anscheinend sehr erfolg-
reiche Behandlungsmethoden gibt. Hier ein Bericht über Professor Didier Raoult, welcher in Frankreich Experte für Infektionskrankheiten ist: [38] Der Bericht „Prof. Raoult: Medikament
gegen Corona gefunden – Virus verschwindet innerhalb von 6
Tagen" ist auf der Homepage von Blauer Bote – Wissenschaft
statt Propaganda zu finden. Den zugrunde liegenden Original-
artikel des Magazins Le Parisien mit dem Interview finden Sie
ebenfalls in den Verweisen.

*„Er ist zuversichtlich, dass er ein Heilmittel für Covid 19
gefunden hat. Dieses setzt er in seinem Krankenhaus in
Marseille nach eigenen Angaben erfolgreich ein. Die fran-*

zösischen Gesundheitsbehörden stellen sich jedoch momentan quer und wollen das Mittel nicht oder noch nicht einsetzen. Der Ausnahmezustand ist ihnen offenbar lieber. Raoult sagt, mit seinem Mittel verschwindet das Virus innerhalb von sechs Tagen. In einem Interview mit dem französischen Magazin Le Parisien[39] spricht Professor Raoult über das neue Anti-Corona-Mittel und den Umgang damit. In diesem Zusammenhang sei auch noch darauf hingewiesen, dass Bundeskanzlerin Angela Merkel sich seit Wochen weigert, ein kubanisches Anti-Corona-Medikament anzufordern, welches nach chinesischen Angaben eine vierstellige Zahl von Menschen in China geheilt haben soll oder zumindest deren Heilung stark unterstützt hat. Professor Raoult:

DIDIER RAOULT – Lassen Sie mich eines klarstellen: Ich bin ein Wissenschaftler und denke wie ein Wissenschaftler mit überprüfbaren Beweisen. Ich habe mehr Daten über Infektionskrankheiten produziert als jeder andere auf der Welt. Ich bin ein Arzt, ich sehe kranke Patienten. Ich habe 75 Patienten im Krankenhaus, 600 Konsultationen pro Tag. Was die Meinungen anderer Menschen betrifft, so ist mir das völlig egal. In meinem Team sind wir praktische Menschen, keine Vögel für Fernsehinterviews.

LE PARISIEN – Wie kamen Sie bei ihrer Beschäftigung mit Chloroquin mit der Idee, dass es eine wirksame Behandlung für das Coronavirus sein könnte?

DIDIER RAOULT – Das Problem in diesem Land ist, dass die Menschen, die reden, abgrundtief unwissend sind. Ich habe eine wissenschaftliche Studie über Chloroquin und Viren durchgeführt, die vor dreizehn Jahren veröffentlicht wurde. Seitdem haben vier weitere Studien anderer Autoren gezeigt, dass das Coronavirus auf Chloroquin reagiert. Nichts davon ist neu. Dass die Gruppe von Entscheidungsträgern nicht einmal über die neueste Wissenschaft

Bescheid weiß, verschlägt mir den Atem. Wir wussten über die mögliche Wirkung von Chloroquin auf kultivierte Virusproben Bescheid. Es war bekannt, dass es ein wirksames Antivirenmittel ist. Wir beschlossen in unseren Experimenten, eine Behandlung mit Azithromycin (ein Antibiotikum, das gegen bakterielle Lungenentzündung eingesetzt wird –Hrsg.) hinzuzufügen.

Als wir bei der Behandlung von Patienten, die an Covid-19 leiden, Azithromycin zu Hydrochloroquin hinzufügten, waren die Ergebnisse spektakulär.

LE PARISIEN – Was erwarten Sie von den größeren Studien zu Chloroquin?

DIDIER RAOULT – Überhaupt nichts. Wir glauben, dass wir mit meinem Team eine Behandlung gefunden haben. Und was die medizinische Ethik betrifft, so glaube ich nicht, dass ich als Arzt das Recht habe, die einzige Behandlung, die bisher funktioniert hat, nicht anzuwenden. Ich bin überzeugt, dass am Ende jeder diese Behandlung anwenden wird. Es ist nur eine Frage der Zeit, bis sich die Menschen bereit erklären, ihren Hut zu essen und zu sagen, dass es das ist, was getan werden sollte.

LE PARISIEN – In welcher Form und für wie lange verabreichen Sie Ihren Patienten Chloroquin?

DIDIER RAOULT – Wir verabreichen Hydrochloroquin in Dosen von 600 mg pro Tag über 10 Tage (der Name des Medikaments ist Plaquenil – Hrsg.) in Tablettenform dreimal täglich. Und 250 mg Azithromycin zweimal täglich am ersten Tag und dann einmal täglich über fünf Tage.

LE PARISIEN – Ist es eine Behandlung, die vorbeugend eingenommen werden kann?

DIDIER RAOULT – Das wissen wir nicht.

LE PARISIEN – In welcher Zeit kann ein Patient mit Covid 19 bei der Anwendung der Behandlung geheilt werden?

DIDIER RAOULT – Was wir im Moment wissen, ist, dass das Virus nach sechs Tagen verschwunden ist."

Obwohl Professor Didier Raoult nachweislich sehr erfolgreich ist, wird er laufend angegriffen und als Quacksalber hingestellt.

Allerdings ist auch hier Vorsicht geboten. Angebliche Heilmethoden anzuwenden, ohne die notwendigen spezifischen Tests abzuwarten, ist nicht immer sinnvoll. Zu erwähnen sind hier beispielsweise die zwei unglücklichen Personen, die aufgrund der Medienpräsenz von Chloroquin in Eigenmedikation vorbeugend Tabletten für die Desinfektion von Aquarien geschluckt haben, weil diese Chloroquin enthalten. Eine der beiden verstarb mit Vergiftungserscheinungen. Einen weiteren Hinweis, dass Chloroquin nicht immer indiziert ist, gibt uns Dr. Wodarg. Er äußert sich besorgt über die Verwendung von Hydrochloroquin und warnt vor Unverträglichkeit für Menschen mit Enzymmangel (G6PD-Mangel), der vor allem bei Migranten aus südlichen Ländern vorkomme.[40]

„Der massenhafte, überproportional häufige Tod von Covid-19-Patienten mit dunkler Hautfarbe und aus südlichen Ländern sowie in New York, London, Stockholm, Madrid, Paris und anderen Städten und Ländern mit hohem Migrantenanteil ist offenbar auch Folge einer medikamentösen Fehlbehandlung. Betroffen sind Menschen mit einem speziellen Enzymmangel, der vor allem bei Männern auftritt, deren Familien aus Regionen stammen, wo Malaria endemisch war oder ist. Sie werden derzeit

mit Hydroxychloroquin, einem für sie unverträglichen Me-
dikament behandelt, das jetzt überall auf der Welt im
Kampf gegen Covid-19 eingesetzt wird. Wenn dies nicht
rasch aufhört, droht ein Massensterben, vor allem in Af-
rika."

Die Vermutung jedoch, dass nicht immer die besten Heilmethoden angewandt werden, drängt sich nachgerade auf. Sie
dürfte mit ein Grund für die teilweise beobachtete hohe Sterblichkeit sein. Beispielsweise gibt es Studien, die klar aufzeigen, dass Intubieren zu höheren Sterberaten führt. Klar ist
jedoch nur, dass die gewaltigen Unterschiede bei den Sterberaten nicht dem Coronavirus angelastet werden können.
Wenn man nämlich recherchiert, kommen fast immer Erklärungen zum Vorschein. Meistens ganz triviale.

Vielleicht haben sie festgestellt, dass die Todesfallzahlen in
der Statistik zu Anfang des Kapitels in Prozent ausgegeben
sind. Dies ermöglicht es, eine Einschätzung der Sterblichkeit
vorzunehmen. Der Prozentanteil der Todesfälle aufgrund des
Coronavirus liegt in sämtlichen Ländern auf der zweiten oder
dritten Nachkommastelle! Dies, obwohl mittlerweile bekannt
ist, dass die Zählweise der Sterbefälle mehr als fraglich ist.
Obwohl jeder Todesfall tragisch ist, muss hier, statistisch gesehen, schon fast von Irrelevanz gesprochen werden. An den
getroffenen Maßnahmen kann es nicht liegen, da der prozen-
tuale Anteil der Anzahl an Todesfällen in Ländern ohne Maßnahmen keine statistische Abweichung aufweist.

6 Länder mit unterschiedlichen Maßnahmen

Wir alle sind momentan von einschneidenden Maßnahmen aufgrund des Coronavirus betroffen. Nachstehend erhalten sie einen Überblick über die Maßnahmen in Europa.

Keine oder leichte Maßnahmen:

Weißrussland und Schweden.

Nationale Einschränkungen und teilweise Ausgangssperren

Praktisch alle Länder Europas haben ihren Bürgern Beschränkungen auferlegt. Frankreich, Österreich, Belgien, Italien und Spanien haben die Bewegungsfreiheit ihrer Bürger besonders stark eingeschränkt und Ausgangssperren verhängt. Die Europäische Kommission gibt auf ihrer Homepage folgende Hinweise:[41]

„Die Europäische Kommission koordiniert die gemeinsame Corona-Krisenreaktion. Mit entschlossenen Maßnahmen stärken wir das öffentliche Gesundheitswesen in der EU und federn die Auswirkungen auf Gesellschaft und Wirtschaft ab. Wir unterstützen unsere Mitgliedstaaten bei der Koordinierung ihrer nationalen Maßnahmen und informieren objektiv über die Ausbreitung des Virus und wirksame Maßnahmen zu dessen Eindämmung. Präsidentin von der Leyen hat einen Coronavirus-Krisenstab eingerichtet, um die gemeinsamen Maßnahmen auf politischer Ebene zu koordinieren. [ ] Das ist gelebte europäische Solidarität!"

Dabei ist es spannend zu sehen, dass es ein Land gibt, das das Coronavirus weitgehend zu ignorieren scheint und keinerlei Maßnahmen beschlossen hat, nämlich Weißrussland.

Hier finden auch weiterhin Großanlässe wie z. B. Fußball-spiele statt. Als eines der wenigen Länder geht dort das Leben seinen gewohnten Lauf. Auch in Schweden sind die Maßnahmen bescheiden. Das öffentliche Leben geht weitgehend normal weiter.

Hier ein Überblick über die Ausgangsbeschränkungen weltweit (Stand: 25. März 2020 – Quelle Wikipedia):

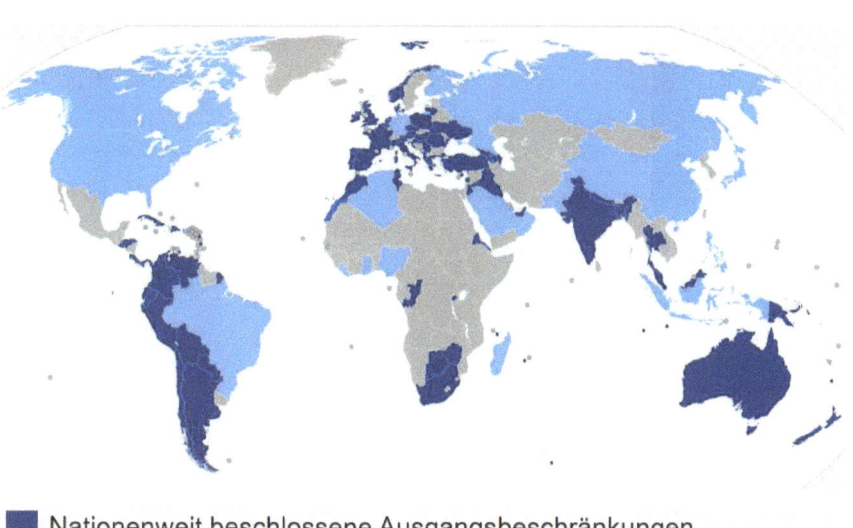

■ Nationenweit beschlossene Ausgangsbeschränkungen
■ Dezentral bzw. regional beschlossene Ausgangsbeschränkungen
■ Keine Ausgangsbeschränkungen

Quelle: https://commons.wikimedia.org/wiki/File:COVID-19_Outbreak_lockdowns.svg **Urheber:** Nice4What

Bei den Staaten, die Reisebeschränkungen angeordnet haben, sieht es etwas anders aus (Stand: 16. März 2020 – Quelle Wikipedia):

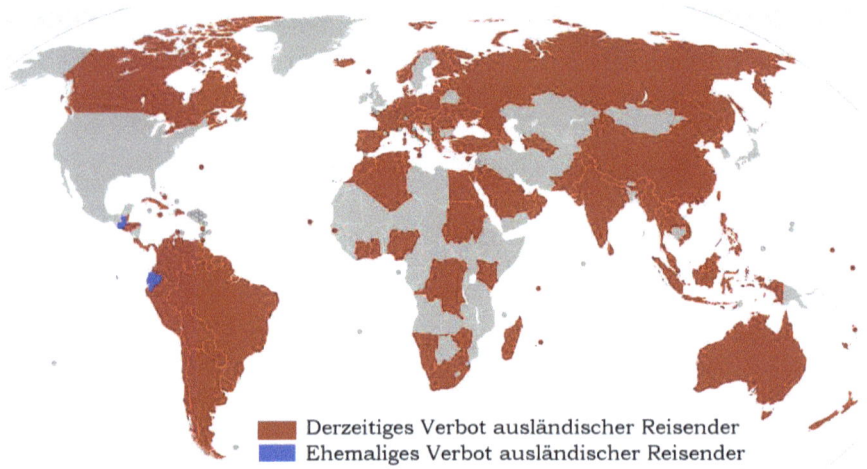

Derzeitiges Verbot ausländischer Reisender
Ehemaliges Verbot ausländischer Reisender

Quelle: https://commons.wikimedia.org/wiki/File:COVID-19_Outbreak_World_Map-Travel_Restrictions.svg **Urheber:** Numberguy6

... und hier Länder mit Schulschließungen (Stand: 24. April 2020 – Quelle Wikipedia):

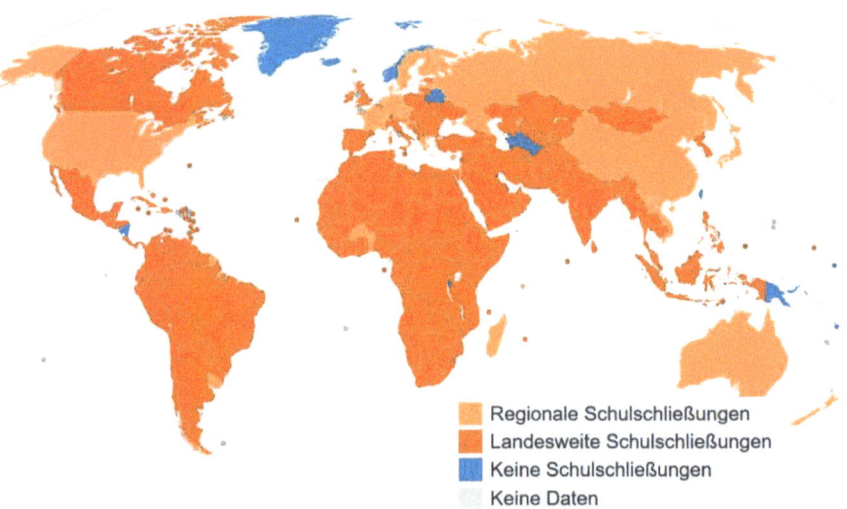

Regionale Schulschließungen
Landesweite Schulschließungen
Keine Schulschließungen
Keine Daten

Quelle: https://commons.wikimedia.org/wiki/File:COVID-19_school_closures.svg **Urheber:** Betseg

Die ergriffenen Maßnahmen unterscheiden sich von Land zu Land. Insbesondere die Ausgangsbeschränkungen sind sehr heterogen. So ist von peniblen Ausgangsbeschränkungen bis Laisser-faire alles zu beobachten. Eine Aufzählung würde den Rahmen hier sprengen. Die Schweiz hat aktuell einen Mittelweg gewählt. In lebensnotwendigen Läden muss ein 2-Meter-Abstand gewährleistet sein, um eine Ansteckungsgefahr niedrig zu halten, was auch Sinn macht. Schulen zu schließen darf schon hinterfragt werden, da gerade das eine Personengruppe ist, die gemäß Statistiken am wenigsten betroffen ist und praktisch symptomfrei bleibt.

Interessant ist das Modell, das die Schweden gewählt haben. Wenn man einzig die Todesfälle in Relation zur Bevölkerungszahl anschaut, muss man feststellen, dass Schweden sogar weniger Todesfälle aufweist als viele andere Länder mit rigorosen Maßnahmen, obwohl sein Modell von Experten und Medien stark kritisiert wird und als ungenügend hingestellt wird.

Ganz generell ließe sich überlegen, ob die Schutzmaßnahmen nicht gerade die falschen Bevölkerungsgruppen treffen. Logischerweise müsste der Schutz für die Risikogruppen vorgesehen werden. Also ein Schutz von Krankenhäusern und Pflegeheimen und allenfalls kranken Personen in Altersheimen. Allerdings sollten die Maßnahmen keinesfalls in die Isolation von alten Menschen führen. Das Leben sollte für sie lebenswert bleiben.

7 Auswirkungen der getroffenen Maßnahmen

Wie tödlich ist eigentlich das Coronavirus? Wenn wir der WHO glauben, ganz schlimm. Ansonsten hätte ja die Ausrufung einer Pandemie keinen Sinn. Ist das wirklich wahr? Bereits die Statistiken aus China und Italien, die ab der 2. Hälfte Februar resp. ab 17. März 2020 vorlagen, widersprechen diesen Aussagen diametral.

Mittlerweile ist unsere Wirtschaft infolge Schließung von Restaurants und nicht überlebensnotwendiger Läden massiv unter Druck und läuft derzeit laut Schweizer Bundesrat Guy Parmelin noch zu rund 80 Prozent. In Deutschland dürfte es nicht anders sein. Ein Shutdown der gesamten Wirtschaft mit Schließung sämtlicher Produktionsbetriebe wäre absolut fatal. So brandmarkt Gewerbeverbandsdirektor Hans-Ulrich Bigler die Forderung der Gewerkschaften nach einem gesamten Shutdown der Wirtschaft als brandgefährlich.[42] Er sagt, die Gewerkschaften hätten ihr Wort gebrochen und gefährden mit ihren Forderungen die Sicherheit des Landes.

Er sagt, dass Unia-Chefin Valleva uns auch verschweigt, dass ihre Forderung die Arbeitsplätze von Millionen Menschen gefährde, dass Zehntausende von Firmen die Abstandsvorschriften des Bundesamtes für Gesundheit heute bereits einhalten können.[43] Sie sollen weiterarbeiten dürfen. Sie verschweige auch, dass Hunderttausende von Menschen trotz Coronavirus zur Arbeit gehen wollen. Auf die Fragen nach den Folgen für einen *Shutdown*, wie es Valleva fordert, gibt Hans-Ulrich Bigler folgenden Kommentar:

„Drei Dinge stehen auf dem Spiel: Erstens, die Versorgungssicherheit des Landes. Sind Wertschöpfungsketten

blockiert, hat das beispielsweise plötzlich auch Auswirkungen auf die Nahrungsmittelherstellung. Zweitens wird die öffentliche Sicherheit und damit die Sicherheit jedes Einzelnen bei Versorgungsengpässen gefährdet. Und drittens, wenn die Wirtschaft komplett einbricht, wird das Leben vielen als ausweglos erscheinen."

Als normal denkende Menschen fallen uns wahrscheinlich noch weitere Gründe ein. So sind bereits ganze Industriezweige nach Asien, vor allem China, abgewandert. Wie wir wissen, haben die Chinesen ihren Lockdown bereits wieder aufgehoben. Es liegt auf der Hand, dass bei einem jetzigen Shutdown in der Schweiz auch die restlichen heute noch in der Schweiz verbliebenen Wirtschaftszweige akut gefährdet wären. So viel Dummheit können selbst die Gewerkschaften nicht an den Tag legen. Der Bundesrat wird sich solch eine Maßnahme gut überlegen müssen!

Ein besonders abstruses Thema sind Spitäler, die gezwungen sind, Kurzarbeit einzuführen. So gar nicht zu einer Pandemie passt, dass immer mehr Spitäler Kurzarbeit einführen müssen.[44] Dies heißt nichts anderes, als dass schlichtweg die Patienten fehlen. Nicht gerade ein Indiz für eine gefährliche Pandemie! So sollten auch die Spitäler sich vorbereiten auf einen riesigen Ansturm von Corona-Patienten. Dabei war die ursprüngliche Idee der von Bundesrat unter Notrecht erlassenen Verordnung sicher gut gemeint: Kapazitäten freihalten für die Corona-Welle. Im Detail die von der Hirslanden-Gruppe, der größten Schweizer Spitalklinikgruppe, gelisteten Merkmale, wann eine Operation dringlich und somit zugelassen ist:[45]

„Wann ist eine Operation dringlich?" Für die Umsetzung der bundesrechtlichen Verordnung sind subsidiär die Kantone zuständig. Verschiedene Kantonsregierungen haben deshalb seit dem 16.03.2020 eigene Verordnungen erlassen, aus denen hervorgeht, wann eine Operation

als dringlich einzustufen ist. Die Kliniken der Hirslanden-Gruppe setzen die Verordnung bzw. Ausführungsbestimmungen ihres jeweiligen Standortkantons konsequent um. Hirslanden-Kliniken und Partnerärzte in Kantonen, die bisher keine detaillierten Verordnungen erlassen haben, empfehlen wir, sich bei der Umsetzung der bundesrechtlichen Verordnung an den Kriterien des Kantons Zürich zu orientieren.

Zulässig sind im Kanton Zürich nur solche operativen Eingriffe, die bei ihrer Unterlassung:

zu einer Verkürzung der Lebenserwartung führen,

die zu einer bleibenden Schädigung führen,

zu einem erheblichen Risiko für eine massive Verschlechterung der Situation oder zu einer notfallmäßigen Hospitalisation in den nächsten drei Monaten führt oder

die Lebensqualität in außerordentlichem Maß verschlechtert (insbesondere Schmerz).

Insbesondere bei Eingriffen, welche die IPS-Kapazitäten binden, ist besondere Zurückhaltung angezeigt. Reine Vorsorge- und Routineuntersuchungen sind unzulässig. Die Dringlichkeit und Notwendigkeit eines Eingriffes ist eine medizinische Beurteilung, in die neu die COVID-19 Krise miteinzubeziehen ist.

Patientinnen und Patienten wenden sich bei Unsicherheit bitte an den behandelnden Arzt / die behandelnde Ärztin."

Anscheinend ist die Lage jetzt so prekär, dass immer mehr Spitäler nicht überlastet sind, sondern Kurzarbeit einführen, also ihr Personal nach Hause schicken müssen! Antizyklisches Handeln also – in der Pandemiephase schieben die Spitäler Kurzarbeit. Spannend und ketzerisch zugleich ist zudem die Frage, ob die Spitäler zu anderen Zeiten überproportional viele „unwichtige" Operationen vornehmen.

Die verordneten Maßnahmen treffen nicht überall auf Zustimmung. So finden sich im Ärzteblatt vom 24. März 2020 unter dem Titel „Gesellschaft für Krankenhaushygiene fordert strategischen Schutz von Risikogruppen statt ungezielter Kontaktsperren"[46] folgende Forderungen:

„Die Deutsche Gesellschaft für Krankenhaushygiene (DGKH) hält eine Eskalation der deutschlandweiten Kontaktsperre hin zu einer kompletten Ausgangssperre nicht für effektiv. Das Ziel müsse stattdessen sein, jetzt die Zahl der schweren Krankheitsverläufe und der Sterbefälle zu senken, indem mit aller Kraft Risikogruppen und Personen der kritischen Infrastruktur geschützt würden."

Eigentlich wäre es logisch, dort zu schützen, wo es notwendig ist. Keiner Feuerwehr würde es bei einem Feuerausbruch in einem Gebäude in der Innenstadt einfallen, in den Außenquartieren systematisch die Häuser zu evakuieren und mit Wasser zu bespritzen!

Allerdings sind die Schäden, die sich aufgrund der getroffenen Maßnahmen, welche weite Zweige der Wirtschaft völlig lahmlegen, ergeben, gravierend und massivst. Die Langzeitfolgen werden unserer Gesellschaft erst später dämmern. Erfahrungsgemäß sind die Schäden dann nicht mehr einfach aus der Welt zu schaffen. Es ist zumindest zu hoffen, dass rückwirkend ein Umdenken stattfindet und entsprechende Schlüsse für die Zukunft gezogen werden.

Aufgrund der ungewissen Zukunft und der Ängste, die viele Menschen haben, dürfte die Selbstmordrate massiv ansteigen. Bereits heute ist diese Zahl in Deutschland mit jährlich über 9 000 Toten sehr hoch.

Weit mehr Auswirkungen dürften Länder zu verzeichnen haben, in denen die Bevölkerung nicht auf Rosen gebettet ist. Es gibt Länder, in denen eine Mehrheit täglich arbeiten muss, um sich überhaupt mit Lebensmitteln versorgen zu können. Dürfen sie nicht arbeiten, haben sie kein Einkommen und folglich nichts zu essen. Was das bedeutet, ist leicht zu erraten. Es werden Zehntausende an Mangelernährung sterben. Leider werden diese in den Sterbestatistiken nicht als „Corona-Maßnahmen-Opfer" aufgeführt sein. Weiter dürften Unruhen aufgrund der unzufriedenstellenden Situation mit den Corona-Maßnahmen eher die Regel als die Ausnahme sein. Auch daraus wird ein erhebliches Mehr an Toten resultieren. Um die Ironie der massivsten Eingriffe aufgrund des Coronavirus zu illustrieren, seien hier nochmals einige Beispiele aufgeführt, wo die Gesellschaft heute nicht hinschaut, sich jedoch ein Mehrfaches an jährlichen Todesfällen ereignet:

Wussten Sie, dass infolge von Stürzen jährlich fast 15 000 Personen in Deutschland zu Tode kommen? Nein, es sind nicht Mütter, die ihre Babys fallen lassen. Es sind auch nicht die Bungeespringer, die bei Stürzen ab und zu ihr Leben lassen müssen. Es sind die älteren Personen. Ab Alter 75 steigen diese Unfälle dramatisch an und keiner kümmert sich darum. Schlimmer noch, keiner weiß um die jährlich über 12 000 Toten ab Alter 75, die so ihr Leben lassen müssen. Aber die 3 Todesfälle von bis einjährigen Babys finden sich sicherlich in den Schlagzeilen. Es gibt noch unzählige weitere Beispiele, die aufzeigen, dass ganz viele Gruppen von Todesopfern keine Lobby haben und für Maßnahmen somit nicht interessant sind.

Also nochmals zusammengefasst geht es nicht darum, überhaupt keine Maßnahmen zu treffen. Aber diese müssen adäquat, also den Umständen angepasst sein. Ebenso wie es keinen Sinn macht, allen Babys bis einjährig Helm und Airbag-Schutzkleidung anzulegen, macht es keinen Sinn, Personen, welche keine negativen Folgen von Corona-Viren zu befürchten haben, um alles in der Welt schützen zu wollen. Dabei werden nur die Kräfte verzettelt. Viel wichtiger wäre es, bei alten und kranken Menschen in Krankenhäusern und Altenheimen gut hinzuschauen und allenfalls dort über das Tragen einer Maske nachzudenken. Allerdings ist es heute bereits Usanz, dass man auch mit „nur" einer Grippe zu Hause bleibt. Alles andere dürfte sich langfristig als Eigentor erweisen.

Bereits heute haben sich die irrationalen Ängste vor den Coronaviren unnötigerweise tödlich ausgewirkt. In nicht wenigen Pflegeheimen in Italien, Spanien, Kanada und weiteren Ländern hat das Pflegepersonal die Versorgung der alten und kranken Insassen vernachlässigt. Aus Angst vor Ansteckung und den Folgen daraus sind nicht wenige einfach nicht mehr zur Arbeit erschienen. Nachstehend zwei Beispiele. Allerdings darf man davon ausgehen, dass die Dunkelziffer massiv höher ist. So berichtete der Spiegel in einem Artikel „Pfleger flohen aus Angst vor Corona – 31 Senioren tot"[47] vom 18. April 2020:

„31 Tote binnen weniger Wochen: Das ist die traurige Bilanz in einem kanadischen Seniorenheim, nachdem fast alle Pflegekräfte das Heim aus Angst vor einer Ausbreitung des Coronavirus verlassen hatten. Gesundheitsbehörden fanden die Menschen in dem Heim in Dorval bei Montréal erst Tage, nachdem die meisten Pfleger den Dienst eingestellt hatten. Viele der Überlebenden waren dehydriert und unterernährt und wirkten teilnahmslos. In manchen Zimmern stank es nach Angaben von Augenzeu-

gen[48] nach Urin. Der Regierungschef von Quebec, Francois Legault, kündigte Ermittlungen wegen grober Fahrlässigkeit an. Seinen Angaben zufolge waren am Ende nur noch zwei Pflegekräfte in dem Heim, um insgesamt 130 Bewohner zu versorgen. Die Heimleitung habe offenbar versucht, den Personalmangel zu vertuschen. Offiziellen Angaben zufolge starben mindestens fünf Heimbewohner an der vom Coronavirus ausgelösten Lungenkrankheit Covid-19. Woran die übrigen 26 Menschen starben, prüft nun ein Gerichtsmediziner."

Auch in Europa ergibt sich ein ähnliches Bild. So lesen wir von spanischen Heimen mit Dutzenden von Toten infolge Vernachlässigung der Insassen. Unverständlich ist nur, dass die Medien die Probleme oft nur verklausuliert wiedergeben und die Missstände nicht genauer unter die Lupe nehmen. Eigentlich unvorstellbar. Obwohl wir im Zeitalter des Internet leben und glauben, zu jedem Thema unmittelbar Antworten finden zu können, kommen uns die Zustände eher vor wie im Mittelalter. Trotz vorliegender Statistiken, die beweisen, dass gesunden Menschen durch das Coronavirus keine unmittelbare Gefahr droht, müssen aufgrund von unvernünftigem Handeln gar Menschen sterben. Gleiche Fälle gibt es weltweit zuhauf. Die Dunkelziffer dürfte gewaltig sein. Wer glaubt, dass es sich um Einzelfälle handelt, wird wahrscheinlich schon sehr bald eines Besseren belehrt.

8 Die Rolle der Medien

Täglich werden wir mit neuen Horrormeldungen überrollt. Es scheint auch, dass jede Krisenmeldung ungeprüft als Wahrheit übernommen und frivol via Medien weiterverbreitet wird. Interessanterweise kommen in den Medien praktisch keine kritischen Stimmen zu Wort. Insbesondere werden wir, einer Hirnwäsche gleich, im Fernsehen dauernd aufgefordert, zu Hause zu bleiben. Ist man der Auffassung, dass die von den meisten Ländern eingeschlagene Richtung, nämlich die Abschottung sämtlicher Personen, die einzig richtige sei, so ist dies natürlich gut so. Allerdings sollten auch Stimmen mit alternativen Lösungsansätzen zu Wort kommen. Wer weiß beispielsweise, dass in Weißrussland das Leben unverändert weitergeht? Oder dass Schweden eher auf den Schutz der Risikogruppen setzt und weder Geschäfte geschlossen sind, noch eine Ausgangssperre besteht und nur Ansammlungen über 50 Personen verboten sind?

Allerdings werden die Maßnahmen von Schweden aufs Heftigste kritisiert. Vorne dabei sind auch die Medien. Anstatt ruhig und sachlich über die Vor- und Nachteile der schwedischen Lösung zu berichten, lesen wir, wenn überhaupt, nur von überproportionaler Zunahme der Ansteckungs- und Todesfälle oder dass sich ganz viele „namhafte Wissenschaftler" über das „fahrlässige Nichtstun" der Schweden mokieren.

Dies ist nicht sehr hilfreich für das einzig vernünftige Konzept, das momentan zu beobachten ist. So übertitelt beispielsweise Euronews in ihrem Artikel „Als wäre nichts? Schweden hält am umstrittenen Management der Covid-19-Krise fest".[49] Im Artikel werden ausschließlich negative Meinungen zum Vorgehen der Schweden zum Besten gegeben. Dabei gibt es namhafte Kapazitäten, die die Maßnahmen der Schweden als das einzige vernünftige Vorgehen bezeichnen. Interessant ist in diesem Zusammenhang, was Frank Ulrich Montgomery, Vorsitzender des Weltärzteverbands, in einem Interview vom 17.03.2020 mit der Rhein-Zeitung[50] sagt. Aber lesen sie doch selber, was er zur Frage nach einem Lockdown in Deutschland sagt:

> *„Ich bin kein Freund des Lockdown. Wer so etwas verhängt, muss auch sagen, wann und wie er es wieder aufhebt. Da wir ja davon ausgehen müssen, dass uns das Virus noch lange begleiten wird, frage ich mich, wann wir zur Normalität zurückkehren. Man kann doch nicht Schulen und Kitas bis Jahresende geschlossen halten. Denn so lange wird es mindestens dauern, bis wir über einen Impfstoff verfügen. Italien hat ein Lockdown verhängt und einen gegenteiligen Effekt erzielt. Die waren ganz schnell an ihren Kapazitätsgrenzen, haben aber die Virusausbreitung innerhalb des Lockdowns überhaupt nicht verlangsamt. Ein Lockdown ist eine politische Verzweiflungsmaßnahme, weil man mit Zwangsmaßnahmen meint, weiter zu kommen, als man mit der Erzeugung von Vernunft käme.“*

Hoppla, und das vom Vorsitzenden des Weltärzteverbands! Also gibt es durchaus Positionen von Kapazitäten, die das schwedische Modell gar als einzig vernünftiges Konzept hinstellen! Würde man das schwedische Modell im Artikel auch lobend erwähnen, hieße dies, dass die anderen Länder im Gegensatz zu Schweden sich eben „vernunftlos" verhalten.

Es ist auch klar, dass die Medien sich in negativen Ergüssen suhlen, denn wahr ist, dass sich „Bad News" besser verkaufen lassen. Ein weiteres abstruses Beispiel, wie sich die Presse verhält, findet sich nachstehend. So hat das Onlineportals wastson.ch folgende Aussagen zu notwendigen Notvorräten gemacht[51] und weist im Lead darauf hin, dass das Coronavirus in Norditalien bereits zu Hamsterkäufen führt. Hier ein kurzer Auszug aus dem Artikel:

„Kluger Rat – Notvorrat": Der Slogan ist bereits über 50 Jahre alt. Und wird wegen der Coronavirus-Krise unerwartet aktuell. In Norditalien sind mancherorts die Supermärkte leergekauft. Nach dem ersten bestätigten Fall in der Schweiz fragen sich auch hierzulande immer mehr Leute, ob man sich einen Notvorrat zulegen müsste. "

Dazu ein Bild von leergekauften Regalen, welches zusätzlich Ängste schürt. Kein Wunder, dass in der Folge das WC-Papier und weitere „wichtige Artikel" knapp wurden und wochenlang ausverkauft waren. Wird ein solcher Artikel in normalen Zeiten aufgeschaltet, mag das ja vernünftig sein. Einen solchen in der jetzigen Zeit zu schalten, ist schlichtweg fahrlässig und dumm!

Geradezu zynisch liest es sich, wenn watson.ch sich berufen fühlt, 6 positive Folgen der Corona-Krise[52] zu dozieren:

Kleines Beispiel gefällig?

„Das Coronavirus könnte indirekt helfen, das Bewusstsein für Infektionskrankheiten wieder zu schärfen, weil wir jetzt zum ersten Mal seit Jahrzehnten (abgesehen vielleicht von der Schweinegrippe-Pandemie 2009) wirklich am eigenen Leib spüren, wie viel Leid und Chaos Infektionskrankheiten verursachen können. Der Schock, den wir gegenwärtig durchmachen, könnte das Denken über Infektionskrankheiten nachhaltig positiv beeinflussen. "

Leider fehlt auch die vernünftigste aller positiven Möglichkeiten, nämlich im Nachgang die getroffenen Maßnahmen zu bewerten. Wenn wir sehen, was für Chaos und Zerstörung die

Maßnahmen im Zusammenhang mit dem Coronavirus angerichtet haben, wäre dies bitter nötig! Hätte der Schreiberling sich etwas mit den Fakten vertraut gemacht, hätte er beispielsweise bemerkt, dass gerade die Schweinegrippe ein eigentlicher Fake war.

Wie teilweise auch das Schweizer Fernsehen agiert, zeigt der Artikel in der Handelszeitung vom 15. April 2020[53], welcher aufzeigt, dass durch unklare Kommunikation durch den Bund bei der Bevölkerung Angst, Leiden und Stress verursacht wurde. Nun sei es an der Zeit, größere Schäden zu verhindern:

> „Wichtiger dürften Ideologie und Eigeninteressen sein. Illustrativ ist die in vielen Medien genüssliche Darstellung der Ausbreitung von Corona in den USA. So berichtet SRF noch am 7. April: „Mit mehr als 368 000 Infektionen sind die USA das mit Abstand am stärksten vom Coronavirus betroffene Land weltweit." Tatsächlich aber ist die Schweiz pro Einwohner mit ihren 25 000 Fällen mehr als doppelt so stark betroffen wie die USA und hat rund 2,5-mal so viele Todesfälle pro Einwohner. So oder so: Die Nachricht, dass in einem grossen Land vieles häufiger vorkommt, ist keinen Subventionsfranken wert."

Ganz generell lässt sich feststellen, dass seitens der Medien lange überhaupt kein Interesse zu beobachten war, etwas mehr zu recherchieren und Vergleiche zu früheren sogenannten Pandemien herzustellen. Ebenfalls hätte es ohne Weiteres bereits anhand der ersten vorliegenden Statistik aus China oder Italien jedem Journalisten gut angestanden, die Mortalität ins rechte Licht zu rücken. Ein in letzter Zeit oft gelesener Satz nervt besonders: **„nach übereinstimmender Ansicht von Forschern ..."** Damit erübrigt sich eine Beweisführung komplett. Ein Trauerspiel!

Dazu ein weiteres Beispiel. Dieses Mal von einem etwas unbekannteren Medium, der Zeitschrift „Motorrad", welche alle zwei Wochen erscheint. In der Ausgabe vom 9. April 2020 wird im Editorial auf Seite 3 von den schlimmen Folgen, welche durch diese „schreckliche Pandemie" den Händlern drohe, geredet. Dann werden BMW und KTM gerügt, da sich diese entschlossen haben, den nächsten Motorradmessen INTERMOT in Köln und EICMA in Mailand im Herbst 2020 fernzubleiben. Etwas verstörend, da Motorrad selber, nur einen Monat zuvor, der Motorradmesse im Düsseldorf am 5.–8. März 2020 ferngeblieben war, obwohl bis auf ganz wenige Ausnahmen sämtliche Motorradhersteller dort noch vertreten waren. Also schon 2 Ausgaben später ist das eigene Tun vergessen. Es trifft immer den schwächsten Teil des Körpers.

Was weiter stört, ist die einseitige Wahrnehmung eines Hypes. So wird im Impressum der Ausgabe vom 27. März 2020 über das „grassierende Virus" mit seinen unzähligen Toten geklagt. Anstatt endlich einmal die ganze Chose ins rechte Licht zu rücken und Vergleiche anzustellen, wird mit allen anderen Medien und Politikern gleichgezogen. Hier einige Facts, die jeder Redaktor einer Motorradzeitschrift eigentlich wissen müsste:

- Pro Jahr sterben z. B. bei Unfällen in Deutschland ebenso viele Motorradfahrer, wie es zur Drucklegung der Motorrad-Zeitschrift Todesfälle aufgrund von Corona gab. Eine kurze Recherche im Internet zeigt, dass es schon Jahre mit weit über 3 000 Toten in Deutschland gab. Bei rund 50 % der Motorradunfälle sind nachweislich Autofahrer schuld. Warum werden hier keine Maßnahmen ergriffen? Man könnte sich vorstellen, dass Autofahrer ab sofort nur noch 20 km/h fahren dürfen, um die Motorradfahrer zu schützen. Solche extremen Maßnahmen sind durchaus vergleichbar mit den Maßnahmen, die im Rahmen der Coronakrise ergriffen wurden.

- Allein aufgrund von Unfällen infolge Handygebrauchs beim Autofahren gibt es in Deutschland pro Jahr schätzungsweise 400 Tote. Interessanterweise wurden trotz der massivsten Folgen für die Opfer bislang keinerlei Maßnahmen ergriffen, einmal abgesehen von Bußgeldern. Mit einfachsten Mitteln könnte hier Abhilfe geschaffen werden, wenn beispielsweise das Handy im Auto aufgrund technischer Maßnahmen schlichtweg nicht funktionieren würde. Sind etwa Corona-Tote mehr wert? Es scheint so.

Die Aufzählung ließe sich unendlich weiterführen. Also auch hier wäre Gelegenheit für eine Einordnung der Geschehnisse gewesen. Stattdessen wird gejammert und Motorradfahrer werden aufgefordert, zu Hause zu bleiben, um die Krise auszusitzen. Wer dies nicht tut, wird als verantwortungslos gebrandmarkt.

Sehr oft können wir das immer gleiche Verhalten bei den Medien beobachten. Es wird einer Mehrheit nach dem Munde geredet. Es ist schon absehbar, dass, wenn die Coronakrise ausgestanden ist, die Medien nach den Schuldigen schreien werden. Dies ist so sicher wie das Amen in der Kirche. Eigentlich traurig. Es gibt aber auch Ausnahmen. In der Schweiz tut sich vor allem die Weltwoche hervor mit ihren durchaus differenzierten und erfrischenden Beiträgen zu Hintergründen und Maßnahmen im Zusammenhang mit dem Coronavirus. Roger Köppel als Redaktionsleiter und notabene SVP-Parteimitglied ist deshalb harscher Kritik ausgesetzt. Um die Reaktionen der Medien auch der Nachwelt verfügbar zu machen, sei hier der Artikel der NZZ „Heb de Latz!" Corona provoziert gehässige Töne in der SVP"[54] vom 17. März 2020 auszugsweise zitiert:

„Ein prominenter SVP-Vertreter hingegen hält die ganze Aufregung wegen Corona offensichtlich für übertrieben: Roger Köppel. In hoher Kadenz äußert er sich auf Twitter

zur Corona-Epidemie – und warnt dabei insbesondere vor den ökonomischen Folgen. „Hört mit dieser Selbstverbrennung der Wirtschaft auf", schrieb er am Montagabend. Man solle die Kranken und Gefährdeten isolieren, aber alle anderen arbeiten lassen, fordert der „Weltwoche"-Verleger. „Es ist komplett unverhältnismäßig, die Wirtschaft zu ruinieren."

Jimi Hendrix trotz Pandemie

Köppels Äußerungen unterscheiden sich grundlegend von den offiziellen SVP-Statements. Er greift den Bundesrat massiv an und unterstellt ihm, fahrlässig und falsch zu handeln. Bundespräsidentin Simonetta Sommaruga wirft er vor, sie behaupte irreführend, alle seien gleichermaßen vom Virus betroffen. Köppel bedient sich einer historischen Analogie: 1968 hätten trotz der Hongkong-Grippe, die weltweit Hunderttausende bis Millionen von Toten forderte, Monster-Rockkonzerte mit Jimi Hendrix und den Doors sowie gigantische Kundgebungen in fast allen Hauptstädten Europas stattgefunden. „Wo ist heute die Verhältnismäßigkeit?", fragt der Nationalrat deshalb. Für solche Aussagen erntet Köppel auch aus den Reihen der eigenen Partei harsche Reaktionen. Der Zürcher Lokalpolitiker Michael Frauchiger schreibt, ebenfalls auf Twitter, er sei „sowas von sauer auf solche Idioten". Er fordert Köppel auf: „Heb eifacht de Latz! „Ein „anständiger" SVPler wisse, was Solidarität sei, aber Köppel nicht. Unterstützung bekommt Frauchiger vom St. Galler Sam Büsser, dem Regionalleiter der Jungen SVP in der Region See-Gaster. Er verweist auf das Communiqué der nationalen SVP vom Wochenende und schreibt dazu: „Für alle, die aufgrund irgendwelcher SVP-Nationalräte glauben, die SVP stünde nicht hinter dem Bundesrat."

Interessanterweise findet sich in der NZZ nicht die Spur einer Auseinandersetzung mit der Thematik und den historischen

Analogien, die Roger Köppel mit seinen Aussagen macht. Die Diskussion wird auf parteipolitische Querelen und Köppels abweichlerische Haltung reduziert. Eigentlich schade, geradezu eine verpasste Chance. Aber es würde erstaunen, wenn die NZZ sich anders verhielte als die anderen Medien. Auch in Deutschland sind sämtliche Medien auf Regierungskurs. Einer Hirnwäsche gleich fordern z. B. sämtliche Fernsehsender ihre Zuschauer auf, zu Hause zu bleiben. Es scheint, als ob ihre künftige Unterstützung mit Beiträgen von einer wohlwollenden, regierungsfreundlichen Berichterstattung abhängen würde.

Dass wir nicht immer alles glauben können, was uns die Medien erzählen, soll das nachfolgende Beispiel zeigen. Es stammt zufällig auch aus dem Gesundheitsbereich. Die regelmäßigen Recherchen über lügnerische Statistiken[55] sind ein Steckenpferd von Walter Krämer. Er ist Professor für Wirtschafts- und Sozialstatistik an der Technischen Universität Dortmund. Auf der Homepage werden unter dem Titel „Unstatistik des Monats" Themen wie beispielsweise die schwarze Null bei den Bundesfinanzen kritisch begutachtet, weil diese oft irreführend sind. So auch der nachstehende Auszug.

„Computerfehler führte zum Tod von 270 Frauen.[56] Zwischen 2009 und 2018 führte ein Fehler in einem Computer-Algorithmus dazu, dass in Großbritannien rund 450 000 Frauen im Alter von etwa 70 die Einladung zum letzten Mammographie-Screening nicht erhielten. Dadurch könnte möglicherweise das Leben von 135 bis 270 Frauen verkürzt worden sein, erklärte der britische Gesundheitsminister Jeremy Hunt vor dem Parlament. Das Nachrichtenportal RT Deutsch berichtete daraufhin, dass „135 bis 270 Frauen unerkannt an Brustkrebs gestorben" sein könnten und das Online-Portal des österreichischen Frauen-Lifestyle-Magazins „WIENERIN"

schrieb: „Das könnte 270 Frauen das Leben gekostet haben." Sind also bis zu 270 Frauen wegen nicht-versandter Einladungen gestorben? Nein. Und das aus zwei Gründen. Der erste ist einfach: Eine verkürzte Lebenserwartung bedeutet nicht, dass man bereits gestorben ist. Nur etwa eine von sieben Frauen, die im Alter von 70 Jahren eine Brustkrebsdiagnose erhalten, sterben in den nächsten fünf Jahren an Brustkrebs. Der zweite Grund ist wichtiger und nicht ganz so einfach: Randomisierte Studien, bei denen etwa eine halbe Million Frauen unter Verwendung eines Zufallsmechanismus unterschiedlichen Gruppen zugeordnet wurden, ergaben keinen Nachweis, dass das Mammographie-Screening die Lebenserwartung erhöht. Vielmehr wurde gezeigt, dass sich die Sterblichkeit an Brustkrebs reduziert. Dies ist nicht das gleiche. Von je 1 000 Frauen, die über zehn Jahre am Screening teilnahmen, starb etwa eine weniger mit der Diagnose „Brustkrebs", aber eine mehr mit einer anderen Krebsdiagnose. Daher wurde durch das Screening insgesamt kein Leben gerettet oder die Lebenserwartung verlängert. Hinzu kommt, dass pro 1 000 Frauen etwa fünf unnötigen Operationen oder Strahlenbehandlungen unterzogen wurden - unnötig, da sie einen nichtprogressiven, klinisch unbedeutenden Krebs haben, der diesen Frauen während ihres Lebens nie geschadet hätte. Letzteres bedeutet, dass die nicht-versandten Einladungen wahrscheinlich sogar hunderte von Frauen vor Schaden bewahrt haben."

Also nochmals zur Wiederholung: Statistik ist nicht, was wir fühlen, sondern eine sehr exakte Wissenschaft, die jedoch oftmals irreführend benutzt wird. Dies wird von den wenigsten Personen bemerkt. Professor Krämer hat denn auch die Deutschen schon als „Volk von Innumeraten" (Zahlen-Analphabeten) bezeichnet (gilt natürlich auch für Schweizer).

Es gibt aber auch weitere Ausnahmeerscheinungen. So gibt es einige Onlineportale, die sich der Aufklärung von Propaganda verschrieben haben. Die Homepage Swiss Propaganda Research beispielsweise nimmt das Corona-Thema sehr ernst und hilft aufklären. Bereits in der Übersicht zum Covid-19 Thema wird Folgendes mitgeteilt:[57]

„Laut den Daten der am besten untersuchten Länder und Regionen liegt die Letalität von Covid19 bei durchschnittlich ca. 0.2 % und damit im Bereich einer starken Influenza (Grippe) und rund zwanzigmal tiefer als von der WHO ursprünglich angenommen.

Bis zu einem Drittel aller Personen verfügen bereits über eine Hintergrundimmunität gegen Covid 19 durch den Kontakt mit bisherigen Coronaviren (d. h. Erkältungsviren)."

Sämtliche wiedergegebenen Fakten sind mit Quellenangaben versehen und können jederzeit verifiziert werden. Es darf zu den aktuellen Perlen journalistischer Arbeiten gezählt werden.

9 Fatalistische Haltung und Verschwörungs- theorien

Das Coronavirus ist in vielen Formen seit Jahrzehnten im Umlauf. Die jetzige Corona-Seuche ist ein Eldorado für alle Schwarzmaler und Schwarzseher. Auch religiöse Kreise wähnen sich am „Ende der Tage". Nachstehend einige Beispiele:

Strafe Gottes

So lässt sich beispielsweise Hani Ramadan, Direktor des Centre Islamique in Genf, gemäß Weltwoche vom 26. März 2020 zur Aussage verleiten, die Epidemie sei eine göttliche Intervention und als Strafe Allahs für unser aller Fehlverhalten, für Schandtaten und Ehebruch anzusehen. Als Gelehrter mit ägyptischen Wurzeln sieht er Corona als gerechte und läuternde Abrechnung. Es ist schon fast peinlich, aber das Corona-Virus grassiert seit Langem vor allem im Orient. Insbesondere sind Kamele einer der größten Virusträger. Dort nennt sich die Virus-Erkrankung MERS = Middle East respiratory syndrome = Nahöstliches respiratorisches Syndrom.

Es betrifft vor allem Nordafrika, den Nahen Osten und die Arabische Halbinsel. Reisenden wie auch Einheimischen wird empfohlen, die folgende Hygienemaßnahmen zu befolgen:

- Hände mit Wasser und Seife reinigen - vor allem vor und nach dem Berühren von Tieren
- Kein ungenügend gekochtes Fleisch verzehren
- Nur pasteurisierte Milch trinken
- Früchte und Gemüse vor dem Essen waschen

Studien haben gezeigt, dass über 90 % der untersuchten unter 2-jährigen Jungkamele mit dem MERS-Virus infiziert sind. Verschleppt wurde der Virus sodann ab und zu auch nach Europa und Asien. Also die Seuche hat ihren Ursprung doch eher in islamischen Ländern und die Strafe wäre, sofern als solche wahrgenommen, den dortigen Bewohnern zugedacht.

Das 2012 entdeckte MERS-Virus scheint weiter verbreitet zu sein als nach offiziellen Fallmeldungen angenommen. Das belegt eine internationale Studie unter Federführung der Universität Bonn und des Deutschen Zentrums für Infektionsforschung (DZIF).[58] Demnach verläuft vermutlich der größte Teil der Infektionen ohne schwere Krankheitssymptome. Ursprünglich ging man dagegen von einer Sterblichkeitsrate von bis zu 30 Prozent aus. Die Studie wurde in der Zeitschrift Lancet Infectious Deseases publiziert.

Auch die Todesopfer des jetzigen Coronavirus lassen sich schlecht als Opfer eines Fehlverhaltens ausmachen. Werden die Statistiken konsultiert, sehen wir, dass diese zum größten Teil aus alten Menschen mit Vorerkrankungen bestehen.

Verschwörungstheorien

Weitere Verschwörungstheorien besagen, dass das Coronavirus absichtlich von China verbreitet wurde, um sich an den Amerikanern für ihren Handelskrieg zu revanchieren. Auch diese These dürfte ziemlich unwahrscheinlich sein, da Viren meist nicht vor Landesgrenzen Halt machen. Aktuell sind sowohl China wie auch der Rest der Welt vom Virus betroffen. Allein die Börsenverluste dürften sich auf Hunderte von Milliarden belaufen. Zudem ist ungewiss, inwieweit sich die Weltwirtschaft innert nützlicher Zeit wieder erholt. Es liegt auf der Hand, dass die Chinesen im Gegenzug die Verbreitung des Virus den Amerikanern anlasten. Was allerdings stimmt, ist der Umstand, dass China viel Zeit verstreichen ließ, bis es sich an die Weltöffentlichkeit wandte. Dadurch ging viel wertvolle Zeit verloren und das Coronavirus konnte sich mehr oder weniger ungehindert ausbreiten. Der amerikanische Präsident Donald Trump nennt das Coronavirus deshalb „Chinesisches Virus", was jedoch auch nicht sehr hilfreich ist.

Neue 5G-Mobilfunk-Technologie als Verursacher?

Kann es Zufall sein, dass das Coronavirus exakt dort ausgebrochen ist, wo der neue Mobilfunkstandard 5G ausgebaut wird? Kann es sein, dass die Opfer in Wuhan eigentlich 5G-Opfer sind und das Coronavirus nur als Ablenkung dient? Dient die ganze Geschichte eventuell nur, um die 5G-Industrie und ihre Milliarden an Investitionen weltweit zu schützen? Der Wahrheitsgehalt dieser Vermutungen ist schwierig einzuordnen. So gibt es in Europa ebenfalls Regionen, wo der 5G-Standard bereits ausgebaut ist, ohne dass dort Auffälliges zu beobachten ist. Auch weisen die Statistiken der Mortalität bezüglich des Coronavirus keinerlei Neuigkeiten auf. Sie gleichen erstaunlich exakt denjenigen von Grippewellen.

Fotos von Toten

Immer wieder tauchen schreckliche Fotos von Toten im Zusammenhang mit dem Coronavirus auf. Meistens zeigt die Recherche, dass diese Fotos von früheren Unglücken stammen, etwa von der Tsunami-Katastrophe in Thailand. In anderen Fällen werden unzählige Särge gezeigt und es wird insinuiert, dass dies Todesfolgen des Coronavirus seien. Auch hier alles Effekthascherei und schlichtweg Betrug. Dieser Betrug ist nicht nur in den sozialen Netzen zu beobachten, nein, sogar große Fernsehanstalten bedienen sich solcher Methoden.

Allerdings gab es in Bergamo im Norden von Italien tatsächlich diese Ansammlungen von Särgen. Italien ist ein katholisches Land, wo die Menschen zum großen Teil beerdigt werden. Infolge der Knappheit auf Friedhöfen und der Angst vor dem Coronavirus werden Tote vermehrt kremiert. Die Kapazitäten der Krematorien in Italien sind jedoch traditionell begrenzt. Also braucht man sich nicht zu wundern, wenn sich die Särge mit den Toten plötzlich stapeln. Deshalb aber auf ein Massensterben zu schließen, ist unklug. Leider verbreitet sich oft nur die eine Hälfte der Wahrheit und keiner fragt nach den Hintergründen. Und warum im Norden von Italien unnötigerweise so viele alte Menschen gestorben sind, darüber wird nach wie vor spekuliert. Im Kapitel 5 – Warum sterben so viele? – finden Sie die Antworten dazu.

Die Coronaviren halten sich tagelang in der Luft

Viele Personen haben irrationale Ängste. Sie sind gar der Auffassung, dass das Virus allgegenwärtig und sogar tagelang in der Luft sei. Sie verlassen deshalb ihre Wohnungen nicht mehr. Interessant ist dabei die Studie, die den Verbleib der Coronaviren auf Oberflächen und deren Ansteckungsgefahr untersucht hat. Diese beweist, dass von Türfallen und weiteren Oberflächen keine Ansteckungsgefahr ausgeht. Mit diesen Virenresten von Oberflächen ließe sich keine Ansteckungsgefahr nachweisen. Prof. Hendrik Streeck ist Direktor des Instituts für Virologie und HIV-Forschung an der Universität Bonn. Zusammen mit seinem Team hat er in einer groß angelegten Studie diverse Oberflächen getestet und kein aktives Virus nachweisen können: Weder auf Handys, Türklinken, Waschbecken noch Katzen, selbst bei hoch infektiösen Familien. Er betont daher, es gebe Stand jetzt keine Gefahr, beim Einkaufen jemand anderen durch Berühren von Oberflächen zu infizieren.

In einer Studie will er auch der Frage nachgehen, wie hoch die Dunkelziffer von nicht erkannten Krankheitsfällen ist. Davon, dass das RKI keine solche Studie geplant hatte, zeigte er sich überrascht. In der Debatte über Mundschutz positioniert sich Streeck klar und sagt entgegen den Empfehlungen der WHO, dass ein flächendeckender Mundschutz nicht angemessen sei. Die ganze Diskussionsrunde von Markus Lanz im ZDF kann auf Youtube[59] nachverfolgt werden.

Die Regierungen und Geheimdienste machen Kritiker mundtot

Die Behauptungen in sozialen Netzwerken, dass Kritiker einfach verschwinden oder ihre Homepages blockiert werden oder gar gelöscht werden mussten, wird man etwas differenzierter betrachten. So ist das Verschwinden von Personen historisch fast ausschließlich auf totalitäre Staaten beschränkt. Was das Bevormunden und Zensieren von Kritikern anbetrifft, so ist die Situation überall kritisch. Teilweise werden kritische Filme auf Youtube einfach gelöscht. Auch in anderen Medien werden Beiträge zensiert, gelöscht oder ignoriert. Das ist allerdings nichts Neues und war schon früher bei kontroversen Themen so.

Nicht immer entsprechen jedoch die Gerüchte auch der Wahrheit. So wird seit einiger Zeit im Netz behauptet, in Dänemark dürften keine Informationen zu Covid-19 mehr veröffentlicht werden, wenn sie nicht den Vorgaben der Regierung entsprechen. Hintergrund sei ein verschärftes Gesetz. Der ARD-Faktenfinder hat sich mit der Thematik befasst und im Artikel „Zensur in Dänemark eingeführt?"[60] vom 8. April 2020 dazu unter anderem Folgendes berichtet:

„Aber was ist der Hintergrund der Behauptungen zu der angeblichen Zensur? Tatsächlich beschloss das dänische Parlament Folketing am 2. April ein „Gesetz zur Änderung von Straf-, Rechtspflege- und Ausländergesetz". Rund 80 Prozent der Abgeordneten stimmten der Vorlage von Justizminister Nick Haekkerup zu. Das Gesetz beinhaltet schärfere Strafen im Kontext mit Covid-19: So soll das Strafmaß dabei verdoppelt oder sogar vervierfacht werden. Dies bezieht sich vor allem auf Diebstahl oder Versuche, durch Betrug staatliche Hilfen gegen die Krisen zu erhalten. Die Höhe von zusätzlichen Geldbußen solle sich an den Summen orientieren, die Betrüger aus den Hilfspaketen beantragen. […] An keiner Stelle ist davon die

Rede, dass Informationen gelöscht werden sollten, die ge-gen „Vorgaben" der Regierung verstoßen. Auch von einer Inhaftierung von Autoren ist nichts zu finden. Vielmehr soll sich das Gesetz offenkundig vor allem gegen Dieb-stahl von Desinfektionsmitteln, Betrügereien rund um Staatshilfen sowie Fake-Shops richten.

Dänische Medien hatten bereits Ende März berichtet, es seien verschiedene Online-Seiten aufgetaucht, die Ge-sichtsmasken angeboten hatten - aber die nach einer Be-zahlung die Waren nicht liefern würden. Solche Shops gibt es auch im deutschsprachigen Raum."

Viele Verschwörungstheorien werden, einmal in die Welt ge-setzt, von weiteren Personen unkritisch übernommen und weiterverbreitet. Kaum jemand nimmt sich dann die Mühe und Zeit, um vertiefte Recherchen bezüglich des Wahrheits-gehalts anzustellen.

Es braucht aber gar nicht so viel zensuriert zu werden, da die Menschen teilweise gar Todesängste wegen des Coronavirus ausstehen und dann auch durchaus plausible kritische Bei-träge als Verschwörungstheorien einstufen. Die Kritiker des Umgangs mit der Coronakrise stehen sehr unter Druck und werden meistens nicht ernst genommen. Allenfalls formiert sich langsam Widerstand gegen die unverhältnismäßigen Maßnahmen.

Wer weitere Verschwörungstheorien überprüfen will, kann sich auf der nachstehenden Internetseite (englisch) schlau machen: https://factcheck.afp.com.

Angebliche Wundermittel gegen das Coronavirus

Immer wieder lesen wir von Hausmitteln und weiteren teilweise gesundheitsschädlichen Tipps, welche angeblich gegen das Coronavirus helfen sollen. Nachstehend ein Beispiel, welches ich aus unzähligen herausgreife. Grund ist, da es auch im Zusammenhang mit unzähligen anderen Krankheiten immer wieder auftaucht:

Chlordioxid zu trinken helfe gegen das Coronavirus. Fakt ist jedoch, dass es keine wissenschaftlichen Belege dafür gibt. Im Gegenteil: Die Behörden warnen seit Jahren vor den gesundheitsschädlichen Wirkungen von Chlordioxid. Chlordioxid wird als Bleichmittel und zur Desinfektion verwendet. Die chemische Verbindung wirkt je nach Konzentration auf Haut und Schleimhäute reizend bis ätzend. Mögliche Folgen einer Einnahme sind Hautverätzungen, Übelkeit, Erbrechen, Durchfall, Nierenversagen und Atemstörungen. Das Bundesinstitut für Arzneimittel und Medizinprodukte (BfArM) stuft Produkte, die zu einer Chlordioxid-Lösung vermischt und als „Miracle Mineral Supplement" (MMS) in Kapselform vorwiegend übers Internet verkauft werden, seit dem Jahr 2015 als zulassungspflichtig und bedenklich ein.[61] Ein Auszug aus der Pressemitteilung lässt aufhorchen:

„Zusätzlich hat das BfArM beide Produkte als bedenkliche Arzneimittel nach § 5 Arzneimittelgesetz eingestuft, weil mit der Einnahme schädliche Wirkungen verbunden sind, die über ein vertretbares Maß hinausgehen. MMS enthält Natriumchloritlösung 28 %, MMS2 enthält Calciumhypochlorit 70 % in Kapseln. Beide Produkte werden zusammen mit einer „Aktivator"-Zitronensäurelösung 10 % zur Trinkwasseraufbereitung in Verkehr gebracht. Durch die Reaktion von MMS mit der sogenannten Aktivatorlösung, also von Natriumchlorit und Zitronensäure, entsteht Chlordioxid, ein giftiges Gas mit stechendem, chlorähnlichem Geruch. Chlordioxid wird als Bleichmittel

von Papier und zur Desinfektion von Trinkwasser einge-
setzt und verursacht schwere Verätzungen der Haut und
schwere Augenschäden. Den Giftnotrufzentralen liegen
Fälle von Erbrechen, Atemstörungen und Hautverätzun-
gen bei der Einnahme von MMS vor. Auch in Großbritan-
nien, Kanada, Frankreich, der Schweiz und den USA wur-
den nach Einnahme von MMS unerwünschte Wirkungen
wie Übelkeit, Erbrechen oder Durchfall, Nierenversagen,
Verätzungen der Speiseröhre sowie Atemstörungen durch
Schäden an roten Blutkörperchen beobachtet."

Der eine oder andere Leser kann sich sicher auch noch an
weitere Heilversprechen erinnern, beispielsweise gegen Krebs
etc. Nun soll MMS gar gegen eine Infektion mit Coronaviren
helfen.

Allerdings darf man davon ausgehen, dass Maßnahmen, die
nachgewiesenermaßen vorbeugend gegen Grippe helfen, auch
vorbeugend gegen das Coronavirus hilfreich sind. Also genügend Schlaf, gesunde Ernährung und ausreichend Bewegung.
Zusätzlich sind diese gratis.

Angeblich schädliche Medikamente

Aber auch das Gegenteil gibt es, Medikamente, die als schäd-
lich gebrandmarkt werden. Das auf dem Markt zugelassene
Ibuprofen soll die Krankheitssymptome des Coronavirus ver-
stärken. Alles Unsinn, vermelden Mediziner. Woher das Ge-
rücht kommt, kann nicht verifiziert werden.

Seien wir also kritisch und glauben nicht alles.

10 Ausstiegsszenarien aus dem Lockdown

Die aktuell ergriffenen Maßnahmen sind reine Kollektivmaßnahmen. Wie sämtliche Statistiken beweisen, betrifft das Coronavirus praktisch ausschließlich kranke und sehr alte Menschen. Inwieweit resistente Keime zusätzlich letal wirken, muss Gegenstand von weiteren Untersuchungen sein. Allerdings verdichten sich die Indizien, wenn wir die Situation in Ländern mit suboptimalen Spitalinfrastrukturen betrachten wie beispielsweise Italien. Zusätzlich dürfte die bewiesenermaßen unwissenschaftliche Zählweise der „Opfer des Coronavirus" einen Hauptteil der Verantwortung für die vielen Todesfälle tragen. Jetzt geht es allerdings darum, die unverhältnismäßigen Maßnahmen wieder loszuwerden. Müssen wir allerdings zuerst „einen Sieg" über das Coronavirus erringen, wie die FAZ im Artikel „Merkels Medizin ist die richtige"[62] am 13. April 2020 vermeldete, beispielsweise indem es einen Impfstoff gegen das Coronavirus gibt, bis wir die Maßnahmen wieder aufheben können? Hier ein kleiner Auszug daraus:

„Um neue Infektionswellen zu verhindern, die das Gesundheitssystem überlasten, werden Kontaktbeschränkungen also unausweichlich sein, mit besonderer Berücksichtigung der (älteren) Risikogruppen und der (jüngeren) symptomlosen Infizierten. Der Pflegebereich bleibt daher neben Krankenhäusern und Arztpraxen die größte Herausforderung, und an Veranstaltungen mit vielen Teilnehmern ist erst einmal nicht zu denken."

Da bleibt zumindest für Deutschland nicht sehr viel Hoffnung für einen richtigen Ausstieg. Es ist eher zu erwarten, dass die Maßnahmen in homöopathischer Dosierung nach und nach aufgehoben werden. Dabei hat China uns den Ausstieg vorgelebt: Hurra, wir haben die Krise überstanden. Ergo müssen wir keine Tests mehr vornehmen. Tests werden in China nur noch bei Einreise von Ausländern oder bei Wiedereinreise von Einheimischen vorgenommen. So können die Politiker in China ihr Gesicht wahren. Andere Länder wie beispielsweise Schweden haben von Anfang an auf die freiwillige Abschottung der Risikogruppen gesetzt. Dies zahlt sich jetzt aus. Denn was passiert, wenn, wie in Europa, alle mittels Lockdown abgeschottet werden? Der geneigte Leser bemerkt es wahrscheinlich bereits – kaum werden die Maßnahmen aufgehoben, fängt das Spiel von Neuem an und eine sogenannte „zweite Welle" mit Neuinfektionen kommt auf uns zu. Besser ist also, für eine umgehende sogenannte „Durchseuchung" zu sorgen. Eigentlich kennen wir das bereits von Grippe-Epidemien. Gemacht wird gar nichts. Die Menschen erkranken an Grippe und werden normalerweise auch von alleine wieder gesund. Wem das nicht geheuer ist, der kann sich impfen lassen. Als Vorteil resultiert etwa bei der Hälfte der Geimpften eine Immunität gegen diese Grippeviren. Allerdings gibt es immer wieder neue Grippeviren. Aber jede überstandene Grippe stärkt unser Immunsystem.

Sind mit dieser Strategie nicht ganz viele weitere Menschen der Gefahr ausgesetzt, am Coronavirus zu sterben? Wenn sie bis jetzt aufmerksam gelesen haben, insbesondere die Statistiken, die in sämtlichen Ländern dieselben Aussagen bestätigen, wissen sie, dass das Coronavirus fast ausschließlich keine bis milde Symptome auslöst. Praktisch nur bei schweren Vorerkrankungen finden sich Todesfälle, wo sich das Coronavirus dann nachweisen lässt. Denken sie auch an die Aussagen einer der wenigen dazu legitimierten Personen: Professor Dr. Klaus Püschel, Direktor des Hamburger Instituts für Rechtsmedizin dürfte einer der wenigen sein, der überhaupt dazu befähigt ist, Aussagen über die Letalität des Coronavirus zu machen, hat er doch systematisch Todesfälle, bei welchen das Coronavirus nachgewiesen wurde, untersucht. Der ganze Verein von Virologen scheint außer ihren Reagenzgläsern und Computermodellen an der Realität vorbei zu schwadronieren! Pardon, natürlich gibt es auch einige kritische Virologen und Biologen, die der Ansicht sind, dass das aktuelle Vorgehen der Regierungen sehr unklug ist. So haben wir den Virologen Hendrik Streek als Kritiker des verordneten Lockdowns bereits kennengelernt. Er hat wertvolle Feld-Forschungsarbeit geleistet. Erstaunlicherweise scheinen seine Erkenntnisse aus den Studien nicht oder noch nicht zu den aktuellen Entscheidungsträgern gelangt zu sein. Auch weitere Wissenschaftler haben sich verdienstvollerweise sachkritisch zum Thema geäußert, wurden jedoch nicht gehört. So hat sich Prof. Dr. med. Sucharit Bhakdi, Facharzt für Mikrobiologie und Infektionsepidemiologie, der 22 Jahren lang das Institut für Medizinische Mikrobiologie und Hygiene der Universität Mainz leitete, in einem offenen Brief an Bundeskanzlerin Merkel gewendet. Darin finden sich 5 Fragen, die nach sofortigen Antworten verlangen, um festzustellen, wie begründet die derzeitigen massiven Einschränkungen der Grundrechte in Deutschland sind. Auch hier ist bisher keinerlei Reaktion zu verzeichnen, außer dass man seine Homepage gesperrt hat. Ferner sei hier auch der Arzt Bodo Schiffmann zu erwähnen. Als unermüdlicher Aufklärer gegen den Corona-Wahnsinn will er mittlerweile eine eigene Partei gründen, um die massiven Eingriffe in die Grundrechte der Bürger wieder loszuwerden.

Ist ein Impfstoff somit die Lösung?

Heute können sich alle, die einer Risikogruppe angehören, oder meinen, eine Grippeinfektion schade ihnen übermäßig, impfen lassen. Oft sind sie dann gegen die aktuelle Grippeepidemie immun. Allerdings sind sogar Impfungen mit Risiken behaftet. So sind bei Impfungen gegen die Schweinegrippe sehr hässliche Nebenwirkungen aufgetaucht. In gewissen Fällen haben diese eine Narkolepsie ausgelöst. Folgender Bericht soll zumindest etwas dämpfend auf die grassierende Impf-Euphorie wirken:

Am 01.07.2015 veröffentlichte die Welt im Artikel „Impfstoff macht krank"[63] vom 2. Juli 2015 Folgendes:

„Für Narkolepsie-Patienten gibt es keine Heilung: Manche schlafen bis zu 40 Mal am Tag ein. Hunderte Fälle sollen Folge der Schweinegrippeimpfung in der Grippesaison 2009/2010 sein. Millionen Menschen in der Europäischen Union hatten sich nach Empfehlungen der zuständigen Behörden in der Grippesaison 2009/2010 gegen die sogenannte Schweinegrippe, inzwischen auch Neue Grippe genannt, impfen lassen. Umso größer war der Schock, als für den Schweinegrippe-Impfstoff Pandemrix ein furchtbarer Verdacht aufkam: Im August 2010 informierte die schwedische Arzneimittelbehörde über Narkolepsie-Fälle bei Kindern und Jugendlichen nach der Impfung.

Weitere Analysen in Finnland, Irland, Frankreich und England stützten den Verdacht, dass Pandemrix in seltenen Fällen die unheilbare Schlafkrankheit auslösen kann. Inzwischen fließen Entschädigungszahlungen – von Behörden, nicht vom Hersteller. Die Forderungen richteten sich zwar gegen den Pharmariesen GlaxoSmithKline (GSK), sagt Anwalt Peter Todd, der 75 Betroffene in Großbritannien vertritt. „Aber letztlich wird die britische Regierung GSK entschädigen müssen." Denn sie habe den Impfstoff gekauft und die Impfung empfohlen. Auch in Deutschland wurde die Schutzimpfung von der Ständigen Impfkommission des Robert Koch-Instituts (Stiko) empfohlen. Eine im Fachjournal „Science Translational Medicine" vorgestellte Studie zeigt nun, dass ein bestimmtes Virusprotein, das einer Andockstelle im Gehirn ähnelt, der Auslöser für die Erkrankung sein könnte. In der Folge richte sich das Immunsystem gegen bestimmte, für das Schlafverhalten wichtige Zellen im Gehirn, berichten Forscher um Lawrence Steinman von der Stanford University in Kalifornien.

In den Blutproben finnischer Patienten, die nach der Pan-
demrix-Impfung eine Narkolepsie entwickelt hatten, fan-
den sie spezielle Antikörper. Diese würden offensichtlich
von dem Virusprotein aktiviert und attackierten dann die
Hypocretin-Andockstellen im Gehirn.“

Auch Wikipedia gibt Zahlen im Zusammenhang mit den Impfungen an (Stichwort: Influenza-A-Virus H1N1):

„Das Virus selbst, aber auch die Impfung kann in selte-
nen Fällen zu Narkolepsie führen. Zwischen 2010 und Ja-
nuar 2015 wurden laut der EudraVigilance-Datenbank
der Europäischen Arzneimittelagentur mehr als 1 300
Fälle bei geimpften Personen bekannt, darunter einige
auch aus Deutschland. Mit Stand vom 28. November
2016 waren in Deutschland 86 Menschen, die mit Pan-
demrix geimpft worden waren, dem Paul-Ehrlich-Institut
als „Narkolepsie-Verdachtsfälle“ gemeldet worden. In
Schweden wurde 2016 ein Gesetz für die Entschädigung
von Betroffenen verabschiedet.“

Wer sich nicht vorstellen kann, was Narkolepsie ist, dem helfen wahrscheinlich die nachfolgenden paar Zeilen weiter
(ebenfalls aus dem gleichen Welt-Artikel zitiert):

„Lucy schläft etwa 40 Mal am Tag einfach ein. Die Nar-
kolepsie ist eine seltene Schlaf-Wach-Störung, typische
Symptome sind Tagesschläfrigkeit und sogenannte
Kataplexie, ein plötzlicher Verlust des Muskeltonus bei
starken Gefühlen. Sie entsteht, wenn bestimmte Zellen im
Gehirn verloren gehen, die den Botenstoff Hypocretin her-
stellen, der das Wachsein steuert. Vor allem Menschen
mit einer bestimmten Genvariante in ihrem Erbgut erkran-
ken.

Betroffene können zusammenklappen, nur weil sie über etwas Lustiges sehr lachen müssen. Eine von ihnen ist Lucy, die als 13-Jährige plötzlich ständig vor dem Fernseher einschlief und nach vorn sackte, wenn sie lachen musste. Ein paar Monate zuvor war sie gegen Schweinegrippe geimpft worden, wie etwa sechs Millionen andere Briten in den Jahren 2009 und 2010. Inzwischen ist Lucy 18 und schläft etwa 40 Mal am Tag einfach ein, ohne sich dagegen wehren zu können, wie sie dem britischen „Guardian" berichtete. Sie verliere zudem die Kontrolle über ihren Körper, wenn sie sich zum Beispiel stark freut oder überrascht ist."

Nebenwirkungen stellen wir uns natürlich anders vor! Vielleicht etwas Kopfschmerzen oder Unwohlsein könnten wir gerne akzeptieren. Diejenigen mit einer aufgrund einer Grippe-Impfung erworbenen Narkolepsie dürften wahrscheinlich ihren Grippesymptomen nachtrauern. Auch von Impfzwang ist die Rede. Man kann sich vorstellen, dass einige Länder mit einem Impfzwang liebäugeln. Allerdings erscheinen die Argumente teilweise nicht nachvollziehbar, ja geradezu schwachsinnig. So wird insinuiert, dass die Ungeimpften die anderen (also die Geimpften) gefährden. Wie soll das gehen, wenn diese doch geimpft sind?

Dies bedeutet also, dass ein Abwarten auf einen Impfstoff, um die Lockdown-Maßnahmen zu lockern, blauäugig wirkt. Vor allem möchte niemand einen ungenügend getesteten Impfstoff, der aufgrund einer Dringlichkeit im Hinblick auf eine Aufhebung des Lockdowns oder Social Distancing unter Zeitdruck entwickelt und getestet wurde. Hier dürften Nebenwirkungen vorprogrammiert sein. Angesichts der statistisch bewiesenen Ungefährlichkeit des Coronavirus sind sie auch nicht angezeigt. Dazu wird vergessen, dass sich Viren ständig ändern. Dies gilt auch für das Coronavirus. Kommt uns doch bekannt vor: Gegen Grippe geimpft und doch krank geworden – Impfung nützte nichts, da sich das Influenzavirus seit der

Herstellung des Impfstoffs bereits wieder genetisch verändert hat. So teilt uns das RKI zum Thema „Wie hoch ist die Wirksamkeit der Influenzaimpfung?"[64] Folgendes mit:

„Die unterschiedliche Effektivität hängt von verschiedenen Faktoren ab. Die Zusammensetzung des Impfstoffes wird jährlich aktualisiert (siehe „Wie wird die Zusammensetzung des Influenza-Impfstoffs bestimmt?"). Es ist trotzdem möglich, dass die in der folgenden Saison hauptsächlich auftretenden Influenzaviren nicht gut mit den im Impfstoff enthaltenden Virusstämmen übereinstimmen, weil sich in der Zwischenzeit andere Virusstämme durchgesetzt haben. Wenn sich zirkulierende Viren oder die Anteile der einzelnen Virus(sub)typen im Verlauf der Saison ändern, kann sich die Schutzwirkung des Impfstoffs auch im Laufe einer Grippesaison verändern. Zudem kann es bei der Herstellung des Impfstoffs zu genetischen Veränderungen beim Impfstamm kommen, die die Passgenauigkeit des Impfstoffs beeinträchtigen. [ ] Wenn im Laufe einer Influenzasaison von 100 ungeimpften älteren Erwachsenen 10 an Grippe erkranken, erkranken von 100 geimpften älteren Erwachsenen nur etwa 4 bis 6."

Somit muss man sich darauf einstellen, dass es keinen hundertprozentigen Impfschutz gegen Coronaviren geben wird. Auch diese mutieren künftig munter weiter, auch wenn wir das nicht gerne sehen.

Momentan hat es den Anschein, dass die Lockerungen künftig nur sehr schleppend vorangehen werden. Teilweise spricht man schon von Maßnahmen, die man beibehalten möchte. Dies ist eine ungute Entwicklung. Gut wäre, wenn man die ganzen getroffenen Maßnahmen auch einmal unter dem Blickwinkel einer möglichen „Massenpsychose" beleuchten und sich dann fragen würde, welche Maßnahmen sich bei einer Bejahung überhaupt noch aufdrängen.

Dringend gegeben scheint als Minimallösung eine sofortige
Übernahme des Schwedenmodells. Zeitgleich wird empfohlen,
das stark kritisierte Modell von Weißrussland genauer zu untersuchen. Die vorausgesagten Horrorzustände scheinen
auch hier gänzlich ausgeblieben zu sein, trotz frivolem Laisser-faire und gar Abhaltung von Massenveranstaltungen wie
Volksfesten und Fußballspielen. Vielleicht könnte sich ja eine
Delegation aus der Schweiz und Deutschland gemeinsam in
Schutzanzügen zu einer Besichtigung in Weißrussland
durchringen. Freiwillige lassen sich bestimmt finden!

Das Ganze wirkt hier in der Schriftsprache etwas ironisch,
schon fast schon skurril, ist es jedoch nicht. Wenn wir die
aktuelle Gemütslage von Deutschland und auch der Schweiz
betrachten, muss man feststellen, dass eine große Mehrheit
der Bevölkerung in Angst erstarrt ist und eine Lockerung der
Maßnahmen als verfrüht ansieht.

11 Lehren und Schlussfolgerungen

Kennen Sie die frühere Vorgehensweise an Königshöfen bezüglich des Überbringers der schlechten Nachricht? Jawohl, diese wurden stante pede umgebracht – einen Kopf kürzer gemacht. Insbesondere wurde damit die Gefahr, dass sich Fake News ausbreiten, unterbunden. Stellen wir uns vor, die alarmistischen Virologen wären zum Schweigen gebracht worden, indem sie gar nicht erst angehört worden wären resp. nach einer Prüfung durch ein kompetentes Komitee als Verbreiter von Fake News gekennzeichnet worden wären. Im Nachhinein muss man feststellen, dass gerade diese wichtige Aufgabe, nämlich diejenige einer Bewertung von Bedrohungsszenarien, nicht wahrgenommen wurde. Was noch viel mehr Sorgen bereitet, ist die künftige Vorgehensweise bei sogenannten Pandemien. Mittlerweile sind Regierungen, Medien und Mitmenschen sehr sensibilisiert. Wenn wir also nicht jährlich wiederkehrende Supergaus produzieren wollen, ist ein pragmatischer Umgang mit solchen Themen notwendig. Folgende Arbeiten sind nach Einstellung der Corona-Pandemie somit umgehend vorzunehmen:

- Beurteilung des Coronavirus als Pandemie

- Rechtfertigung der ergriffenen Maßnahmen

- Beurteilung der Maßnahmen bei Aufarbeitung. Einteilung der Maßnahmen in notwendige Arbeiten und „gesichtswahrende" Aktivitäten

- Suche und Bezeichnen der Verantwortlichen

- Schätzung der Schadenssummen der Wirtschaft

- Schätzung der „Begleitschäden an Mitmenschen (Tote aufgrund Vernachlässigung Pflegebedürftiger, Mangelernährung oder Unruhen, Selbstmorde, psychische Schäden, zerrüttete Familien etc.)

Ganz unvoreingenommen sollen auch die wirtschaftlichen Interessen von Virologen, Gesundheitspolitikern, Pharmavertreter bei der WHO etc. bewertet werden. Inwiefern haben sie zur Krise beigetragen – negativ oder auch positiv und zur Bewältigung.

Was allgemein nicht bekannt ist, ist, dass die WHO die Definition, was eine Pandemie ist, still und leise im Jahre 2009 geändert hat. Zusätzlich wird im nachfolgend zitierten Bericht von arznei-telegramm „Die gesponserte Pandemie – die WHO und die Schweinegrippe" [65] von 6/2010 festgehalten, dass der milde Verlauf der Schweinegrippe-Pandemie einer nachweislich vorhandenen Teilimmunität zu verdanken war und nicht etwa den milliardenschweren Impfaktivitäten der WHO.

„Im April 2009 hat die WHO die Definition der Pandemie abgeschwächt und die Passage, in der eine „beträchtliche Zahl von Toten" vorausgesetzt wird, weggelassen. Auf der Basis dieser „aktualisierten Pandemiekriterien" erklärte die Organisation am 11. Juni 2009 die Schweinegrippe zur Pandemie (Stufe 6), also rund sieben Wochen nach Bekanntwerden der ersten Infektion. Zu diesem Zeitpunkt war, wie die Generaldirektorin der WHO, Margaret CHAN, soeben noch einmal herausstellt, die Zahl der Toten weltweit gering. Die Organisation hatte zudem auch „keine plötzliche oder dramatische Zunahme von Zahl und Schwere der Infektionen gesehen oder erwartet". Auch von einer „länderübergreifenden Großschadenslage", wie hierzulande im Nationalen Pandemieplan definiert, konnte keine Rede sein.[ ]

Die A/H1N1-Schweinegrippe 2009/10 ist mild verlaufen. Dies ist kein Verdienst des Krisenmanagements von Welt-gesundheitsorganisation (WHO), Behörden oder Experten und auch nicht den angebotenen Neuraminidasehem-mern bzw. Schweinegrippeimpfstoffen zuzuschreiben, sondern im Wesentlichen Folge der Eigenschaften des Vi-rus und einer gewissen Teilimmunität zumindest bei über 65-Jährigen."

Sie können auch immer noch die früher gültige WHO-Defini-tion einer Pandemie [66] auf dem Netz abrufen. Auf www.ar-chive.org sind von fast allen Homepages weltweit frühere Ver-sionen gespeichert. Nachstehend deshalb gleich in gedruckter Form die Version, wie sie am 15. Januar 2009 noch auf der Homepage der WHO stand:

Aktuell ist noch keinerlei Besserung in Aussicht. Es liegt auf der Hand, dass, wenn mehr getestet wird, selbstverständlich auch die Coronafälle ansteigen. Wird im Gegensatz dazu nicht mehr getestet, fallen die Zahlen über Nacht auf null, wie im Falle Chinas aufgezeigt. Auch die Erfassung der Todesfälle muss dringend überdacht werden. Es ist sinnfrei, irrelevante Statistiken zu führen.

Es gibt Theorien, nach denen das Coronavirus schon immer ein Teil unseres Lebens war und man dies einfach nicht beachtet hat. Dazu sind sehr starke Indizien vorhanden. So vertritt Dr. Wolfgang Wodarg von Anfang an die Auffassung, dass der Covid-19-Test unspezifisch sei und etwas nachweist, was es seit Jahren gibt. Interessanterweise hat fast am Schluss meiner Recherchen auch Dr. Drosten endlich festgestellt, dass es bereits Menschen mit Antikörpern gibt, obwohl sie mit dem Covid-19-Virus nie in Berührung kamen. Also wie bereits bei der Schweinegrippe eine (Teil)-Immunität in der Bevölkerung vorhanden war. Dies beweist, dass das Coronavirus so neu nicht sein kann! In einem Interview vom 28. April 2020 im NDR-Podcast „Coronavirus-Update" erklärt sich Virologe Drosten. Das Internetportal watson.de bringt die Story mit dem Titel „Warum eine Erkältung immun gegen Corona machen könnte,"[67] Unter anderem wird berichtet:

„Eine tolle Nachricht: Einige Virologen gehen inzwischen davon aus, dass es Menschen gibt, die unbemerkt immun gegen Covid-19 wurden, weil sie in der Vergangenheit eine (vergleichsweise harmlose) Corona-Erkältung durchlaufen haben. Im NDR-Podcast „Coronavirus-Update" erklärt Christian Drosten, was es mit dieser neuen Theorie auf sich hat.

*„Es ist durchaus so, dass wir damit rechnen, dass **es möglicherweise eine unbemerkte Hintergrunds-Immunität gibt – durch die Erkältungscoronaviren.** Denn die sind auf eine gewisse Art und Weise verwandt mit dem Sars-CoV-2-Virus", so der Experte am Donnerstag."*

Also was Dr. Wodarg von Anfang an, also vor über 2 Monaten, bereits gesagt hat, bemerkt nun sogar Dr. Drosten. An Peinlichkeit kaum zu überbieten. Was jedoch noch mehr stört, ist der Umstand, dass kein einziges Wort über die mittlerweile erhärteten Aussagen von Dr. Wodarg verloren werden. So hat ebendieses Portal nicht wenige kritische Artikel über Dr. Wodarg verfasst.

Dr. Wodarg war schon bei der SARS-Seuche und der Schweinegrippe in Expertengruppen im Auftrag von Bundestag und Europaparlament eingebunden. Seine Erfahrungen bestärken ihn, dass wie damals Panikmache und Alarmismus bestehen. Das Ganze sei, damals wie heute, ein Fake. Die Erkenntnisse aus diesen Seuchen bestärken ihn, dass Coronaviren nicht das Problem seien. Er fordert alle auf, besonnen zu bleiben. Was befremdend wirkt, ist, dass solche Experten mit ihren unbezahlbaren, vielfältigen Erfahrungen nicht stärker in die Entscheidungsfindung von Regierungen eingebunden werden.

Etwas, was ebenfalls zu denken gibt und meine Meinung festigt, dass hier etwas falsch läuft, sind die Untersuchungen des Europarates zur Rolle der WHO im Zusammenhang mit der Schweinegrippe. Es wirkt auf mich, als wenn man aus den Untersuchungen von damals nicht das Geringste gelernt hat. Haben die sogenannten Experten und Behörden beispielsweise diese kritischen Berichte überhaupt je zu Gesicht bekommen, geschweige denn gelesen? Hier ein Auszug (eigene

Übersetzung) aus dem Memorandum des Europäischen Parlaments vom 23. März 2010[68]. Das ganze Memorandum finden sie übersetzt im Anhang.

> *„13. Wenn man den immer noch sehr moderaten Ausdruck der Pandemie fast ein Jahr nach ihrem Ausbruch betrachtet, kann die Art und Weise, wie wissenschaftliche und empirische Beweise interpretiert wurden, ernsthaft in Frage gestellt werden. Die Hauptfrage ist, ob die WHO die Bedrohung durch das Virus überbewertet und die praktischen Beweise ignoriert hat, dass die Pandemie von Anfang an von „mäßiger Schwere" zu sein schien. In Bezug auf eine solche mögliche Übertreibung möchte der Berichterstatter insbesondere darauf hinweisen, dass in vielen Ländern keine klare Unterscheidung gemacht wird zwischen Patienten, die mit der Schweinegrippe sterben (d. h. Symptome der Schweinegrippe zeigen, während sie an anderen Krankheiten gestorben sind) und Patienten, die infolge der Schweinegrippe gestorben sind (d. h. die Schweinegrippe ist die Haupttodesursache)."*

Kommt uns doch sehr bekannt vor. Auch die heutige Corona-Todesfallstatistik ist bewiesenermaßen aufgebläht durch sämtliche Todesfälle von Personen, die mit dem Coronavirus gestorben sind, obwohl das Coronavirus keinesfalls bei allen die Ursache war. Was an der ganzen Chose zusätzlich stört, ist, dass beispielsweise Virologen, die bereits bei der Schweinegrippe-Pandemie beteiligt waren und somit zwingend die Ungereimtheiten von damals kennen müssten, jetzt wieder beteiligt sind und Entscheidungsfunktionen innehaben. So war beispielsweise Dr. Christian Drosten bereits damals maßgeblich beteiligt. Zumindest er müsste aus dem damaligen Desaster etwas gelernt haben. Fast noch schlimmer sind die Aussagen von SPD-Gesundheitspolitiker Professor Dr. Karl Lauterbach.[69]

„Ich sage das ungerne, aber es muss sein: der von mir eigentlich geschätzte ehemalige SPD-Kollege Dr. Wolfgang Wodarg redet zu Covid-19 blanken Unsinn", so Lauterbach auf Twitter. „In ganz Europa kämpfen Ärzte um das Leben der Erkrankten. Wodargs Position ist unverantwortlicher Fake News."

Bar jeglichen Wissens drischt Lauterbach auf Dr. Wolfgang Wodarg ein und tituliert dessen fundierte Aussagen als blanken Unsinn. Ein einziger Blick beispielsweise in eines der Dokumente des Untersuchungsberichts des Europäischen Parlaments im Zusammenhang mit den Ungereimtheiten anlässlich der Schweinegrippe dürfte ihm die Augen öffnen. Das Dokument dazu ist in englischer und französischer Sprache abgefasst, was eine Hürde darstellt. Man kann ihm nur empfehlen, das nachzuholen und sich gelegentlich bei Dr. Wodarg zu entschuldigen! Ich habe mir die Mühe gemacht, dieses Dokument auf Deutsch zu übersetzen. Sie finden es im Anhang.

Spannend sind in diesem Zusammenhang die Erkenntnisse von Prof. Dr. Klaus Püschel, dem Direktor des Hamburger Instituts für Rechtsmedizin. In einem Interview mit dem Hamburger Abendblatt[70] gibt er folgende Statements ab:

„Hamburgs Rechtsmediziner warnen davor, in Bezug auf die Coronakrise einer Panik anheimzufallen. „Covid-19 ist nur im Ausnahmefall eine tödliche Krankheit, in den meisten Fällen jedoch eine überwiegend harmlos verlaufende Virusinfektion", sagt Prof. Dr. Klaus Püschel, der Direktor des Hamburger Instituts für Rechtsmedizin. „Durch eine starke Fokussierung auf die vergleichsweise wenigen negativen Abläufe werden Ängste geschürt, die die Menschen sehr belasten", meint Püschel.

Die Erkenntnisse aus der rechtsmedizinischen Untersuchung der bisherigen Todesfälle in Hamburg sei, dass alle

Verstorbenen „an zuvor bestehenden schwerwiegenden inneren Erkrankungen litten. Zumindest hier in Hamburg sind keineswegs zuvor völlig gesunde Personen betroffen gewesen", erklärt der forensische Experte. „Insofern kann ich die Bevölkerung beruhigen. Es gibt keinen Grund für eine Todesangst im Zusammenhang mit der Ausbreitung der Krankheit hier in der Region Hamburg."

Völlig unverständlich ist, warum nicht alle „Corona-Todesopfer" untersucht werden, um festzustellen, woran sie gestorben sind. Außer am Hamburger Institut für Rechtsmedizin scheinen systematische pathologische Untersuchungen von „Corona-Todesopfer" nicht Usanz zu sein.

Wie eine schicksalhafte Fügung kommt jetzt am 28. April 2020 die Bestätigung, dass der Test, der angeblich das neue Coronavirus nachweisen soll, auch bei Katzen positiv anschlägt. Dr. Wodarg schreibt, damit sei der letzte Beweis vorhanden, dass der Corona-Test von Dr. Drosten eben doch nicht spezifisch ist und somit Viren nachweist, die schon lange bei simpler Grippe mit eine Rolle spielen. Ich möchte ihnen die Reaktion von Dr. Wodarg nicht vorenthalten. Unter dem Titel „Die Katze ist aus dem Sack!"[71] publizierte er am 28. April 2020 auf seiner Homepage den folgenden Text:

„Die Katze ist aus dem Sack!

Der Test ist keine valide Grundlage für Therapien oder seuchenhygienische Maßnahmen!

Schon Mitte Februar 2020 hatte ich empfohlen, den Drosten-Test mit einer sehr einfachen Methode auf seine Aussagekraft zu testen: „Testen Sie doch mal Ihre Katze!"

Wenn der Test nämlich auch bei Tieren positiv reagiert, dann ist er nicht für die gesuchten SARS-CoV-

2 spezifisch. Er zeigt dann offenbar auch bei weiteren SARS-Viren falsch positiv an, die auch Herr Drosten noch gar nicht auf dem Schirm hatte. Abgesehen davon ist ein PCR Test bei weitem keine ausreichende Grundlage für eine medizinische Diagnose.

Jetzt, wo nach Tigern, Hunden und Löwen in New York auch zwei Hauskatzen positiv sind, müssen sich die Verantwortlichen und ihre „Faktenchecker" entscheiden: Wollen sie den Drosten-Märchen weiter lauschen und das Land zugrunde richten, oder sehen sie endlich, dass sie sich in Widersprüche verwickeln, sich immer mehr verrennen und sich lächerlich machen?

Die gekrönte Grippe ist vorbei! Es kommt der Wonnemonat Mai!

Noch könnten wir es schaffen, dass wir später gemeinsam darüber lachen. Deshalb fordern immer mehr Menschen zu Recht von allen Verantwortlichen in Regierungen und Opposition: **Verhindern Sie weitere Schäden und weiteres Leid durch unsinnigen Maskenzwang, Social Distancing, Schul- und Kita-Schließungen, Denunziantenklima, Oma-Karenz, Fußball-, Kulturveranstaltungs-, Party- oder Strandverbote. An solche „Neue Normalität" müssen und wollen wir uns nicht gewöhnen.** *Wenn Sie uns aber zwangsimpfen wollen (wogegen eigentlich?), gibt es keinen Grund mehr zum Lachen."*

Auch wenn diese Entdeckung zusammen mit den Erkenntnissen, dass unter der Bevölkerung teilweise schon Immunität herrscht, dazu führt, dass Entwarnung gegeben werden kann, so scheint es doch, dass dieselben Panikmacher noch immer in der WHO und in politischen Gremien vertreten sind.

Es stellt sich die Frage, ob diese Panikmacher, welche eigentliche Auslöser der unübersehbaren wirtschaftlichen Misere und den gesundheitlichen Schäden infolge Angstzuständen und inadäquater Maßnahmen sind, strafrechtlich haftbar gemacht werden können. Wir wissen mittlerweile, dass Dummheit nicht strafbar ist. In der Schweiz weiß spätestens seit dem Swissair-Grounding jeder, dass Dummheit nicht strafbar ist. So wurden 19 Führungspersonen trotz der massiven Fehler vor Gericht freigesprochen,[72] da, wie von Ueli Maurer (heute Schweizer Bundesrat) festgehalten, Dummheit eben nicht strafbar sei. Ist es auch jetzt wieder so? Wird dereinst Entwarnung in Sachen Corona-Pandemie gegeben, müssten eigentlich die verantwortlichen Panikmacher in die Pflicht genommen werden. Dies dürfte aufgrund von Erfahrungen aus früheren Ereignissen eher als unwahrscheinlich eingestuft werden.

Eine Aufarbeitung zur Verhinderung künftiger ähnlicher Fälle sollte hingegen zwingend stattfinden. Der wirtschaftliche Schaden ist immens und sollte sich nicht wiederholen. Dazu dürften die Folgen aus Isolation, Existenzängsten und Mangelernährung weltweit massivst sein. Diese werden viel zu wenig in Maßnahmenentscheide einbezogen, obwohl es einschlägige Studien dazu gibt. Höchstwahrscheinlich werden sich diese Todesfälle als höher erweisen als die gesamten Sterbefälle infolge des Corona-Virus. Es ist zu hoffen, dass hier im Gegensatz zu früheren Pandemien Besserung stattfindet und eine echte Aufarbeitung durchgeführt wird.

Besuchen Sie auch meine Homepage: www.corona-ole.com

12 Anhang

Nachstehend finden sie das von mir übersetzte Dokument des Europarates vom 23. März 2010. Es fasst die aktuelle Situation bei der WHO und den verschiedenen Interessensgruppen gut zusammen. Die Übersetzung erhebt keinen Anspruch auf Fehlerfreiheit (Übersetzungshilfen u. a. Linguee und Google). Maßgebend ist der englische Originaltext[73]. In den Quellenangaben sind die Nummern der Originalfußnoten in Klammern aufgeführt.

Dokument Europarat

F - 67075 Straßburg Cedex | E-Mail: Assembly@coe.int | Tel.: +33 3 88 41 2000 | Fax: +33 3 88 41 27 33 23. März 2010 Ausschuss für Soziales, Gesundheit und Familienangelegenheiten

Die Behandlung der H1N1-Pandemie: Mehr Transparenz erforderlich

Memorandum Berichterstatter: Paul FLYNN, Vereinigtes Königreich, Socialist.

I Einleitung

1. Die Parlamentarische Versammlung hat die Governance-Fragen des öffentlichen Gesundheitssektors in den Mitgliedstaaten des Europarates stets aufmerksam beobachtet. Die jüngsten diesbezüglichen Berichterstattungsaktivitäten waren die Empfehlung 1725 (2005) zu „Europa und Vogelgrippe - Präventionsmaßnahmen im Gesundheitsbereich", die Empfehlung 1787 (2007) zum Thema „Vorsorgeprinzip und verantwortungsbewusstes Risikomanagement" und die Resolution 1649 (2009) zum Thema „Palliative Care: Ein Modell für innovative Gesundheits- und Sozialpolitik".

2. Der Berichterstatter stellt fest, dass die Bewältigung der aktuellen H1N1-Krise in engem Zusammenhang mit sensiblen Fragen wie den vertraglichen Beziehungen von Gesundheitsexperten zu privaten Interessengruppen und möglichen Interessenkonflikten, der Höhe der öffentlichen Ausgaben und nicht zuletzt wichtigen Gesundheitsfragen steht sowie dem Wohlbefinden einzelner Patienten und der Bevölkerung insgesamt. Darüber hinaus hängt die Transparenz von Entscheidungen im Bereich der öffentlichen Gesundheit eng mit der Art und Weise zusammen, wie sensible Themen der europäischen Öffentlichkeit mitgeteilt werden. Der Berichterstatter beabsichtigt, die laufende Debatte über diese aktuellen Themen objektiver zu gestalten.

3. Auf der Ebene des Europarates unternehmen die Mitgliedstaaten zwischenstaatliche Kooperationsaktivitäten in Bezug auf Gesundheitsthemen, um zur Entwicklung einer ethischen europäischen Gesundheitspolitik beizutragen. Einige der Hauptthemen umfassen Bluttransfusionen, psychische Gesundheit, Palliativversorgung, Transplantationen, Patientenbeteiligung sowie gute Regierungsführung im Gesundheitssektor sowie Bioethik und die Qualität von Arzneimitteln und Gesundheitsversorgung. Für den Europarat und seine Parlamentarische Versammlung hat die Beobachtung der öffentlichen Verwaltung im Gesundheitswesen eine besondere Priorität.

4. Der Berichterstatter möchte keine wissenschaftliche Analyse des H1N1-Grippevirus durchführen. Dies wäre die spezifische Aufgabe anderer internationaler oder europäischer Einrichtungen wie der Weltgesundheitsorganisation (WHO), des Europäischen Zentrums für die Prävention und die Kontrolle von Krankheiten (ECDC) oder der Europäischen Arzneimittel-Agentur (EMEA). Sein Memorandum basiert vielmehr auf dem Verständnis, dass die Fragen der Governance im Bereich der öffentlichen Gesundheit, die sich aus der H1N1-Krise ergeben, wesentliche Fragen der Rechtsstaatlichkeit und Demokratie sind, die „Grundwerte" des Europarates sind. Das

Hauptziel des Berichterstatters besteht daher darin, Maßnahmen zu ermitteln und vorzuschlagen, um die Transparenz, Rechenschaftspflicht und Kohärenz des Umgangs mit künftigen Situationen im Bereich der öffentlichen Gesundheit zu verbessern, unabhängig davon, ob diese das „Pandemie"-Niveau erreichen oder nicht.

5. In Bezug auf Fragen der öffentlichen Gesundheit in der Parlamentarischen Versammlung möchte der Berichterstatter insbesondere auf den aktuellen Bericht seiner Kollegin Frau Liliane Maury Pasquier (Schweiz, SOC), Vorsitzende des Ausschusses für Sozial-, Gesundheits- und Familienangelegenheiten, zum Thema „Präventive Gesundheitspolitik in den Mitgliedstaaten des Europarates" hinweisen. In ihrem Empfehlungsentwurf schlägt Frau Maury Pasquier vor, dass die Versammlung die Mitgliedstaaten des Europarates nachdrücklich auffordert, ihre Strategien zur Gesundheitsvorsorge zu bewerten, ihr Engagement für die Gesundheitsziele der Weltgesundheitsorganisation (WHO) zu erneuern und aktiv mit der WHO zusammenzuarbeiten innerhalb des globalen Überwachungssystems, um die Ausbreitung von Infektionskrankheiten zu stoppen. Unter Berücksichtigung dieses Ansatzes und trotz einiger in diesem Memorandum geäußerter Kritikpunkte sollte das Parlament die herausragenden Leistungen im Bereich der öffentlichen Gesundheit in den letzten Jahrzehnten und den wertvollen Beitrag der WHO dazu anerkennen. Die Versammlung sollte die WHO weiterhin dabei unterstützen, die öffentliche Gesundheit auf alle möglichen Arten zu verbessern, auch unter dem Gesichtspunkt der verantwortungsvollen Staatsführung und der Menschenrechte.

6. Bei der Prüfung des Umgangs mit der Influenza H1N1 hält der Berichterstatter es auch für wichtig, eng mit der WHO und den wichtigsten europäischen Gremien, einschließlich der Europäischen Kommission und des Parlaments, sowie den nationalen Regierungen, der Pharmaindustrie, der Wissenschaft und der Zivilgesellschaft zusammenzuarbeiten. Dieser Dialog wurde bereits bei der öffentlichen Anhörung am 26.

Januar während der ersten Teilsitzung der Versammlung 2010 aufgenommen, deren Ergebnisse in das vorliegende Memorandum aufgenommen wurden. Dieser Dialog wird bei einer Anhörung in Paris am 29. März 2010 unter Beteiligung von Experten des öffentlichen Gesundheitswesens und Vertretern der europäischen Regierungen fortgesetzt.

II. Ankündigung und Wahrnehmung der H1N1-Pandemie

7. Sehr schnell nach der Entdeckung der ersten Infektionsfälle in Mexiko im April 2009 wurde das weltweit auftretende H1N1-Virus am 11. Juni 2009 zur Pandemie erklärt. Diese Erklärung war der Start einer unmittelbaren internationalen Agenda, die in vielen Ländern umfangreiche Impfkampagnen in Gang setzte, ungeachtet der Beweise, dass die Influenza insgesamt relativ milde klinische Symptome aufwies. Im Herbst 2009 warnten mehrere unabhängige medizinische Experten vor übermäßigen Impfaktivitäten, für die es ihrer Meinung nach keine wissenschaftlichen Beweise gab, die dies rechtfertigen könnten.

8. Nach Angaben der WHO wurden am 29. April 2009 in 9 Ländern Infektionen gemeldet, am 11. Juni wurden Fälle in 74 Ländern und Gebieten bestätigt und nur wenige Wochen später, am 1. Juli, wurden Infektionen in 120 Ländern und Gebieten auf der ganzen Welt bestätigt. Laut WHO war es diese globale Ausbreitung, die die Organisation dazu veranlasste, zunehmende Phasen des Pandemie-Notfalls in Kraft zu setzen und der Welt mitzuteilen, dass definitiv eine Pandemie im Gange war.[74 (1)]

9. Von Beginn der Krankheit im April 2009 an war klar, dass ein neu kombiniertes Grippevirus auf dem Weg war, genauso wie in der Vergangenheit fast jährlich viele Variationen des Grippevirus beobachtet worden waren. Von dieser gemeinsamen Wahrnehmung an wurde die H1N1-Influenza jedoch aus verschiedenen Blickwinkeln innerhalb der medizinischen Gemeinschaft betrachtet. Für einige Experten schien es schon relativ früh offensichtlich zu sein, dass der neue Subtyp des

Influenzavirus infizierten Menschen weniger Schaden zufügte als andere in früheren Jahren. Für diejenigen, die weitreichende Maßnahmen befürworten, wurde der von der WHO empfohlene und in vielen Ländern verfolgte Ansatz durch das „Vorsorgeprinzip" gerechtfertigt: Zahlreiche Wissenschaftler hatten lange Zeit mit dem Ausbruch einer neuen weltweiten Pandemie gerechnet und waren daher äußerst empfindlich gegenüber den möglichen dramatischen Folgen neuer Viren. In Bezug auf das von der WHO verfolgte und für nationale Maßnahmen empfohlene „Vorsorgeprinzip" waren die Reaktionen jedoch unterschiedlich: Einige wollten strenge Vorsichtsmaßnahmen treffen, während andere ein geringeres Ausmaß des Ausbruchs der Krankheit erwarteten und nur minimale Schritte unternahmen. Dies geht aus einigen der verschiedenen Reaktionen der Mitgliedstaaten des Europarates hervor.

10. Obwohl in Fragen der öffentlichen Gesundheit ein gewisses Verständnis für „Vorsorgeansätze" besteht, stellte der Berichterstatter – unterstützt von verschiedenen anderen Mitgliedern des Ausschusses für Soziales, Gesundheit und Familienangelegenheiten bei der öffentlichen Anhörung am 26. Januar – die Frage an die WHO, warum sie die gleiche vorsorgliche Haltung beibehalten hatte, auch wenn empirische Beweise später gezeigt hatten, dass die Pandemie viel milder gewesen war als ursprünglich erwartet. Wie aus jüngsten Aussagen der WHO hervorgeht (siehe unten), hat die WHO ihre Bewertung trotz der weltweiten Situation nicht überarbeitet. Während die WHO darauf besteht, die Pandemie gegen alle Beweise auf Stufe 6 zu halten, sieht sie sich weiterhin zunehmenden Zweifeln und Fragen hinsichtlich ihrer Glaubwürdigkeit durch viele Interessengruppen und die europäische Öffentlichkeit insgesamt gegenüber.

III. Kritische Ansichten zur Steuerung der aktuellen H1N1-Krise und erste gefundene Beweise

11. Unabhängige Experten aus der medizinischen Gemeinschaft kritisierten die Festlegung der Tagesordnung und den Governance-Prozess in Bezug auf die H1N1-Grippe hauptsächlich im Hinblick auf die Kriterien für die Erklärung einer Pandemie und das Fehlen von empirischen Beweisen, welche einen solchen Schritt und die Freigabe, bestimmte Medikamente und Impfstoffe zu verwenden, rechtfertigen. Sie haben auch wiederholt die Frage aufgeworfen, welchen Einfluss private Akteure aus der Pharmaindustrie auf wichtige Entscheidungen internationaler und nationaler Behörden haben könnten. Für die Zwecke dieses Memorandums hat der Berichterstatter die wichtigsten Fragen zusammengestellt, die in einer kritischen Perspektive aufgeworfen wurden. Alle vorgebrachten Argumente scheinen einen gemeinsamen Bezugspunkt zu haben: die Diskrepanz zwischen der relativ milden Entfaltung der Influenza und den auf europäischer und nationaler Ebene ergriffenen Maßnahmen. [75] [2]

a) Interpretation wissenschaftlicher und empirischer Daten im Hinblick auf die Erklärung einer Pandemie und die Entscheidung über nachfolgende Impfstrategien

12. Die WHO gibt an, dass weltweit mehr als 213 Länder und überseeische Gebiete oder Gemeinden im Labor bestätigte Fälle von pandemischer Influenza H1N1 2009 gemeldet haben, einschließlich mindestens 16.455 Todesfälle. [76] [3] Fundierte Schlussfolgerungen werden jedoch erst nach April 2010 gezogen, dem Monat, in dem eine normale Influenza-Saison normalerweise endet. Zuverlässige Schätzungen der Zahl der Todesfälle und der Sterblichkeitsrate während der aktuellen Pandemie sind nach Angaben der Organisation nur ein oder zwei Jahre nach Ende der Pandemie möglich. [77] [4] Nach jüngsten Informationen des Europäischen Zentrums für die Prävention und die Kontrolle von Krankheiten (ECDC) leidet eine signifikante Minderheit der Menschen an einer schweren

Krankheit und stirbt infolgedessen, während die Krankheitssymptome bei den meisten Personen mild sind. Die Mehrheit
der Menschen, die an schweren Krankheiten leiden, sind Personen mit hohem Risiko: Menschen mit anderen chronischen
Erkrankungen wie Asthma oder Herzerkrankungen. [78] [5]

13. Wenn man den immer noch sehr moderaten Befund der
Pandemie fast ein Jahr nach ihrem Ausbruch betrachtet,
kann die Art und Weise, wie wissenschaftliche und empirische Beweise interpretiert wurden, ernsthaft in Frage gestellt
werden. Die Hauptfrage ist, ob die WHO die Bedrohung durch
das Virus überbewertet und die praktischen Beweise ignoriert
hat, dass die Pandemie von Anfang an von „mäßiger Schwere"
zu sein schien. In Bezug auf eine solche mögliche Übertreibung möchte der Berichterstatter insbesondere darauf hinweisen, dass in vielen Ländern keine klare Unterscheidung
gemacht wird zwischen Patienten, die mit der Schweinegrippe
sterben (d. h. Symptome der Schweinegrippe zeigen, während
sie an anderen Krankheiten gestorben sind) und Patienten die
infolge der Schweinegrippe gestorben sind (d.h. die Schweinegrippe ist die Haupttodesursache).

14. Es war insbesondere der rasche Schritt der WHO in Richtung Pandemiestufe 6 zu einer Zeit, als die Influenza relativ
milde Symptome aufwies, verbunden mit der Änderung der
Definition der Pandemiestufen kurz vor der Erklärung der
H1N1-Pandemie, der die Bedenken der Wissenschaftsgemein-
schaft hervorruft und misstrauisch macht. Obwohl die WHO
weiterhin behauptet, dass sich die grundlegende Definition einer Pandemie nie geändert habe, gibt es wasserdichte Beweise
dafür, dass die Kriterien für die Ausrufung der Pandemiestufe
6, nämlich die enorme Anzahl von Infektionen und Todesfällen, bei der Veröffentlichung der neuen Influenza-Leitlinien
der WHO[79] [6] im Mai 2009 nicht mehr berücksichtigt wurden.
Dr. Wolfgang Wodarg, deutscher Epidemiologe und ehemaliges Mitglied der Parlamentarischen Versammlung – und als
solcher einer der Initiatoren dieses Berichts –, erinnerte wäh-

rend der Diskussion im Januar 2010 daran, dass die derzeitige Pandemie nur durch eine Änderung der Definition einer Pandemie und die Senkung des Schwellenwerts für ihre Ausrufung ausgelöst werden konnte.

15. Neben den Hauptkritikpunkten in Bezug auf Übertreibung und vorzeitige Änderungen der Definition möchte der Berichterstatter auch die Frage hervorheben, die viele medizinische Experten in den jüngsten Debatten aufgeworfen haben: War die Entwicklung neuer Impfstoffe für die Behandlung der H1N1-Influenza unbedingt erforderlich? Da fast jedes Jahr neue Variationen des Grippevirus entdeckt werden, hätte man möglicherweise das H1N1-Virus mit vorrätigen Grippeimpfstoffen behandeln können, anstatt einen speziellen Impfstoff herzustellen, wodurch einige Zulassungsverfahren beschleunigt wurden und Risiken für die öffentliche Gesundheit entstehen.

16. Scheinbar wurden die meisten Impfstoffe, die während nationaler Impfkampagnen verwendet wurden – wie Pandemrix, Focetria, Celvapan – nach dem formellen Verfahren der Europäischen Arzneimittel-Agentur (EMEA) zugelassen, obwohl nicht alle von ihnen klinisch an schutzbedürftigen Personen wie z. B. Kindern getestet wurden. [80] [7] In ihren offiziellen Erklärungen behauptete die Agentur, dass sie trotz der kurzen Verzögerungen bei der Zulassung von Impfstoffen ausreichend getestet worden seien, einschließlich des verwendeten Adjuvans, von denen einige in der medizinischen Gemeinschaft nach wie vor äußerst umstritten sind. [81] [8] Es gibt jedoch Hinweise darauf, dass mindestens ein Impfstoff ohne Adjuvans von Sanofi-Pasteur (Panenza) unterschiedlich behandelt wurde und in einigen Ländern wie beispielsweise Frankreich eine nationale Zulassung erhalten konnte, ohne einige der starren europäischen Verfahren zu durchlaufen.[82] [9] Um hier eine endgültige Position zu dieser hochspezifischen wissenschaftlichen Frage einnehmen zu können, erscheint es völlig gerechtfertigt, die Frage zu stellen, ob wissenschaftliche Beweise ausreichen, um alle verbleibenden

Zweifel an den relevanten Produkten auszuräumen. Ähnliche Bedenken wurden in Bezug auf einige der Medikamente gegen Grippe (Tamiflu, Relenza usw.) geäußert – und sind auch aus Sicht des Berichterstatters berechtigt.

b) Möglicher Einfluss der Pharmaindustrie auf Entscheidungen im Bereich der öffentlichen Gesundheit und Interessenkonflikte der beteiligten wissenschaftlichen Experten

17. Für den Berichterstatter ist eines der zentralen Themen der laufenden Debatte die Möglichkeit für Vertreter der Pharmaindustrie, öffentliche Entscheidungen in Bezug auf die Influenza H1N1 direkt zu beeinflussen, und die Frage, ob einige ihrer Aussagen als Empfehlungen für die öffentliche Gesundheit angenommen wurden, ohne auf ausreichenden wissenschaftlichen Erkenntnissen zu beruhen (wie zum Beispiel die Empfehlung zur Doppelimpfung). Verschiedene Faktoren haben zu dem Verdacht geführt, dass die Pharmaindustrie möglicherweise einen unangemessenen Einfluss ausgeübt hat, insbesondere durch die Möglichkeit von Interessenkonflikten von Experten, die in WHO-Beratergruppen vertreten sind und den frühzeitig geschlossenen vertraglichen Vereinbarungen zwischen Mitgliedstaaten und Pharmaunternehmen sowie durch die Profite, die Unternehmen infolge der Influenzapandemie realisieren konnten.

18. Die Beratungsgremien der WHO sind insbesondere dem Risiko von Interessenkonflikten bei wissenschaftlichen Experten ausgesetzt. Zu diesen Gremien gehören die Strategic Advisory Group of Experts (SAGE), die der WHO als Hauptberatungsgruppe für die Entwicklung von Strategien im Zusammenhang mit Impfstoffen und Impfungen eher auf strategischer als auf technischer Ebene dient, sowie das Notfallkomitee, das den WHO-Direktor bezüglich der Bestimmungen der überarbeiteten Internationalen Gesundheitsvorschriften (IGV), die seit 2007 in Kraft sind, berät, insbesondere in Bezug auf die Erklärung eines Notstands im Bereich der öffentlichen

Gesundheit von internationaler Bedeutung oder die Notwendigkeit, das Ausmaß der Pandemiewarnung nach der Ausbreitung eines Virus zu erhöhen wie bei H1N1. In der Regel hat keiner dieser Ausschüsse exekutive oder regulatorische Funktionen. Ihre Mitglieder werden vom Generaldirektor der WHO ernannt und müssen Interessenerklärungen und Vertraulichkeitserklärungen unterzeichnen.

19. Einige Mitglieder dieser Beratungsgremien haben offenbar professionelle Verbindungen zu bestimmten Pharmagruppen – insbesondere durch den Erhalt umfangreicher Forschungsstipendien der großen Pharmakonzerne –, so dass die Neutralität ihrer Beratung angefochten werden könnte.[83] [(10)] Bisher hat die WHO keine überzeugenden Beweise vorgelegt, um diesen Vorwürfen entgegenzuwirken, und die Organisation hat die einschlägigen Interessenerklärungen nicht veröffentlicht. Sie hat sich anderen Gremien wie der Europäischen Arzneimittel-Agentur (EMEA) angeschlossen, die solche Dokumente ebenfalls noch nicht veröffentlicht haben. Der Berichterstatter ist überzeugt, dass es durchaus gerechtfertigt ist, Transparenz über die Profile von Sachverständigen zu verlangen, deren Empfehlungen weitreichende Konsequenzen für den öffentlichen Gesundheitssektor haben. Selbst bei der öffentlichen Anhörung in Straßburg im Januar 2010 hielt sich die WHO jedoch weiterhin zurück, weitere Informationen über die Interessen von Experten zu veröffentlichen, wobei dies mit der Notwendigkeit des Schutzes ihrer „Privatsphäre" begründet wurde.

20. Ein weiterer Faktor, der den Verdacht auf unangemessenen Einfluss weckte, war die Tatsache, dass die Pharmaunternehmen ein starkes Interesse an der Erklärung einer Pandemie und anschließenden Impfkampagnen hatten. Dieses Interesse ergab sich aus den jüngsten vertraglichen Vereinbarungen bezüglich einer neuen Influenzapandemie (einige wurden zwischen den Mitgliedstaaten und den Pharmakonzernen im Zeitraum 2006/2007 unmittelbar nach der Vogelgrippe-Angst geschlossen). Verschiedene europäische Länder

unterzeichneten sogenannte „Schlafverträge" mit großen Pharmakonzernen, die mit der Ausrufung einer Pandemie durch die WHO wirksam werden sollten.

21. Die kommerziellen Interessen an den Pandemie- und Impfkampagnen lassen sich am hohen Nutzen für die Pharmaunternehmen ablesen. Nach Schätzungen der internationalen Investmentbank JP Morgan sollte der Verkauf von H1N1-Impfstoffen im Jahr 2009 zu einem Gesamtgewinn zwischen 7 und 10 Milliarden Dollar für pharmazeutische Laboratorien, die Impfstoffe herstellen, führen. Nach Angaben von Sanofi-Aventis zu Beginn des Jahres 2010 verzeichnete die Gruppe ein „Rekordjahr" mit einem Nettogewinn von 7,8 Milliarden Euro (+ 11 %) aufgrund des Umsatzes mit Impfstoffen gegen Grippe.[84] [11]

22. Die Mitgliedstaaten müssen sich komplexe Fragen stellen: War der tatsächliche Umgang mit der Influenza H1N1 und die Erklärung einer Pandemie, einschließlich der anschließenden Impf-Aktivitäten, nicht eine verantwortungslose Art, wie mit öffentlichen Gesundheitsbudgets umgegangen wurde? Haben die Gesundheitsbehörden der Mitgliedstaaten alle Mittel eingesetzt, um in dieser Situation objektive und fundierte Entscheidungen zu treffen? Was waren die nationalen Mechanismen, um sicherzustellen, dass die Empfehlungen der WHO auf transparente Weise umgesetzt werden? Welche Chancen hatten die Mitgliedstaaten, die Empfehlungen abzulehnen und ihren eigenen Vorgehensweisen zu folgen (wie dies anscheinend bereits bei früheren Gelegenheiten getan wurde)? Hat die Risikowahrnehmung der WHO einige der extremen Warnungen hinsichtlich der erwarteten hohen Zahl von Todesfällen gerechtfertigt? Warum waren die Vorhersagen bezüglich der Inzidenz von H1N1-Grippefällen zwischen verschiedenen Ländern in Europa so unterschiedlich?

23. Diese Fragen zeigen, dass die Mitgliedstaaten sowohl Empfänger von Ratschlägen der WHO und anderer internationaler Gremien als auch wichtige Akteure in Bezug auf nationale Strategien zur Vorbereitung auf Pandemien sind. In diesem Zusammenhang müssen zwei wichtige Fragen gestellt werden. Erstens: Waren die Mitgliedstaaten hinsichtlich der zu befolgenden Strategien zur Vorbereitung auf Pandemien gut beraten? Und zweitens: Handelten die Mitgliedstaaten verantwortungsbewusst im Hinblick auf die Gesundheit und das Wohlbefinden ihrer Bürger? Der Berichterstatter stellt fest, dass in einigen Mitgliedstaaten die vorsorglichen Maßnahmen ein hohes Maß an Unsicherheit und Angst in der Bevölkerung hervorriefen, das nicht unbedingt durch die Entwicklung der Krankheit gerechtfertigt war.

24. Einige der in Bezug auf nationale Situationen aufgeworfenen Fragen müssen noch eingehend untersucht werden. Der Berichterstatter kann hier nur einige Beispiele betrachten (siehe auch den Hinweis auf die Reaktionen der Mitgliedstaaten weiter unten). Der Berichterstatter beabsichtigt sicherlich nicht, im Namen aller betroffenen Mitgliedstaaten des Europarates zu beurteilen, ob die Situation angemessen behandelt wurde oder nicht. Es ist auch Sache jedes Mitgliedstaats, die von ihm hervorgehobenen Fragen zu beantworten und seine eigenen Schlussfolgerungen zu ziehen.

d) Mitteilung sensibler Themen in der laufenden Debatte

25. Der Berichterstatter ist sich der Tatsache bewusst, dass einige der von Experten der Europäischen Presse vorgebrachten Behauptungen weitreichend sind. Er hält es dennoch für wichtig, die wichtigsten kritischen Fragen offen anzusprechen, um ein vollständiges Bild zu vermitteln und allen Beteiligten die Möglichkeit zu geben, auf die vorgebrachten Anschuldigungen und Kritikpunkte zu reagieren. Eine der Aufgaben der Parlamentarischen Versammlung in einer solchen Debatte besteht darin, eine parlamentarische und damit demokratische Plattform für die Diskussion sensibler Fragen

bereitzustellen. Der Berichterstatter begrüßt sehr, dass einige der beteiligten Akteure diese Gelegenheit genutzt und sich aktiv an der auf der Ebene des Europarates organisierten Debatte beteiligt haben.

26. Die im Januar organisierte Anhörung sollte eine objektive Plattform für die Debatte über ein sensibles Thema in einem Kontext bieten, der im Allgemeinen von einer etwas emotionalen Debatte geprägt ist. Professor Keil, Epidemiologe und Direktor des WHO-Kollaborationszentrums für Epidemiologie der Universität Münster (Deutschland), kritisierte den Zusammenhang und die Hinweise auf frühere tödliche Influenzapandemien. Seiner Ansicht nach war der Vergleich mit der „spanischen Grippe" von 1918 im Allgemeinen unangemessen, da empirische Zahlen alles andere als vergleichbar waren. Die „spanische Grippe" fand im historischen Kontext des Ersten Weltkriegs statt, wo Infektionen leicht von Soldaten übertragen wurden, von denen viele unterernährt waren und keine Medikamente hatten, die heute als grundlegend angesehen werden, wie Penicillin. Solche Vergleiche verstärkten daher tendenziell die Angst unter den Europäern.

27. Die Anhörung im Januar unterstützte einen guten Meinungsaustausch und bot die Gelegenheit, einige der heikelsten Themen zu erörtern und einige der Probleme zu erläutern, die noch nicht hinreichend klar kommuniziert worden waren. Einer dieser Aspekte war das hochsensible Thema von Interessenkonflikten von wissenschaftlichen Experten, das bereits erwähnt wurde, und die Notwendigkeit von Transparenz, unter Berücksichtigung der Privatsphäre der betroffenen Experten. An dieser Stelle möchte der Berichterstatter die Frage aufwerfen, ob in einer Situation, die durch ein hohes Maß an Unsicherheit und ein geringeres Vertrauen in Entscheidungen im Bereich der öffentlichen Gesundheit nach der H1N1-Pandemie gekennzeichnet ist, die Privatsphäre von Sachverständigen Vorrang haben sollte vor dem Recht von 800 Millionen Bürgern auf eine offene und umfassende Information

über wichtige Entscheidungen, die sich auf die Gesundheit und das Wohlbefinden des Einzelnen auswirken können.

28. Die Präsentationen von Vertretern der WHO und der Pharmaindustrie bei dieser öffentlichen Anhörung enttäuschten viele europäische Parlamentarier, die die nationalen Parlamente von 47 Mitgliedstaaten vertreten, von denen die meisten auch Mitglieder der WHO sind. Der Berichterstatter hofft daher, dass einige der verbleibenden heiklen Fragen beim bevorstehenden Austausch in Paris im März ausführlicher behandelt werden.

IV. Jüngste Reaktionen verschiedener Interessengruppen, die an der Behandlung der Influenza H1N1 beteiligt sind

a) Reaktionen der WHO zu verschiedenen Zeitpunkten der Pandemie

29. Seit Beginn der Bedrohung durch H1N1 haben nationale, europäische und internationale Gesundheitsbehörden die Behauptung, dass nicht genügend wissenschaftliche Daten vorhanden seien, um die ergriffenen Maßnahmen zu rechtfertigen, energisch zurückgewiesen. Ebenfalls sehen sie keinen Mangel an Transparenz hinsichtlich der Entscheidungsprozesse im Zusammenhang mit der Erklärung einer Pandemie. In den Anfang 2010 gemachten Aussagen bestand die WHO darauf, dass die Welt einer echten Pandemie ausgesetzt sei, der zukünftige Verlauf der Pandemie ungewiss sei, die Situation weder über- noch unterschätzt werde und dass das Ziel immer darin bestanden habe, vorsorglich vorzugehen. In denselben Aussagen behauptete die WHO, es sei zu früh, um sagen zu können, ob die Pandemie vorbei sei, und dass in diesem Winter oder Frühjahr in ganz Europa noch eine weitere bedeutende Welle zu erwarten sei.

30. Bei der Anhörung im Januar 2010 räumte Keiji Fukuda, Sonderberater für Influenza-Pandemien beim Generaldirektor, im Namen der WHO ein, dass Gesundheitsbeamte während eines Notfalls im Bereich der öffentlichen Gesundheit

manchmal dringende, oft weitreichende Entscheidungen treffen müssen in einer Atmosphäre erheblicher wissenschaftlicher Unsicherheit. Er war weiterhin davon überzeugt, dass es vorzuziehen sei, eine mittelschwere Pandemie mit reichlich Impfstoffvorräten zu haben als eine schwere Pandemie mit unzureichenden Impfstoffvorräten. Dies rechtfertigte die Maßnahmen in Bezug auf das H1N1-Virus. Bei der gleichen Gelegenheit behauptete er im Namen der WHO, dass sich die grundlegende Definition von Pandemien nie geändert habe. Er erklärte jedoch, dass die internationalen Richtlinien für die Erklärung und Reaktion auf eine Pandemie aus Gründen der Klarheit aktualisiert und präzisiert wurden.

31. In ihren Erklärungen bekräftigte die WHO auch, dass der erhaltene wissenschaftliche Rat nicht von privaten Interessengruppen aus der Pharmaindustrie und ihren Interessen beeinflusst wurde. Die Organisation räumte ein, dass bei der Kontaktaufnahme mit einer breiten Gruppe von Experten und Interessengruppen immer ein potenzielles Risiko von Interessenkonflikten bei der Beratung besteht. Es war jedoch üblich, dass die Organisation mit Experten zusammenarbeitete, die Forschungsstipendien in Zusammenarbeit mit der Industrie erhielten. Möglichen Interessenkonflikten wurde jedoch durch eine Reihe routinemäßiger Schutzmaßnahmen entgegengewirkt. Nach Angaben der WHO wird Transparenz insbesondere durch Interessenerklärungen gewährleistet, in denen externe Experten alle ihre beruflichen und finanziellen Interessen darlegen müssen, einschließlich der von Pharmaunternehmen, Beratungsunternehmen oder anderen Formen der Beteiligung an relevanten kommerziellen Aktivitäten erhaltenen Mittel.

32. Dennoch hat die WHO kürzlich in einer Erklärung bestätigt: „Die Anpassung der öffentlichen Wahrnehmung an ein weitaus weniger tödliches Virus war problematisch. Angesichts der Diskrepanz zwischen dem, was erwartet wurde und dem, was passiert ist, ist eine Suche nach Hintergedanken

seitens der WHO und ihrer wissenschaftlichen Berater verständlich, wenn auch ohne Begründung." 85 (12) Die WHO hat erklärt, dass sie die bestehenden Mechanismen für zufriedenstellend hält, hat jedoch ihre Absicht erklärt, auf Vorwürfe nicht angemeldeter Interessenkonflikte zu reagieren, die sie sehr ernst nimmt. Darüber hinaus hat sie beschlossen, eine Überprüfung der Art und Weise durchzuführen, in der die anhaltende Pandemie behandelt wurde, und insbesondere ihre eigene Leistung in dieser Situation unter Beteiligung externer Experten und unter Berücksichtigung der bestehenden internationalen Gesundheitsvorschriften (IGV) zu bewerten." 86 (13)

33. Der Berichterstatter begrüßt die Bereitschaft der WHO, einen offenen Dialog mit den nationalen Parlamentariern des Europarates aufzunehmen, sehr. Er erinnert daran, dass die Initiative der Versammlung nicht als Vorwurf einer internationalen Organisation an eine andere angesehen werden sollte. Die Debatte sollte vielmehr als eine Debatte zwischen Mitgliedstaaten wahrgenommen werden, deren Interessen von verschiedenen Institutionen in komplementärer Weise vertreten werden. Die nahezu identische geografische Abdeckung der WHO in Europa und der Mitgliedstaaten des Europarates sollte einen solchen Dialog erleichtern. In diesem Zusammenhang ist sich der Berichterstatter weiterhin der Vorbehalte bewusst, die einige Parlamentskollegen gegenüber der aktuellen Debatte haben. Beispielsweise war Frau Roseira (Portugal, SOC), Mitglied des Ausschusses für Soziales, Gesundheit und Familie und ehemalige Gesundheitsministerin Portugals, bei der Anhörung im Januar der Ansicht, dass Vorwürfe gegen die WHO nicht ohne objektiven Beweis erhoben werden sollten. Darüber hinaus ist der Berichterstatter nach wie vor davon überzeugt, dass der Vorwurf mangelnder Transparenz und anderer problematischer Fragen bei der Behandlung des H1N1 von den verschiedenen Interessengruppen durch einen offenen Dialog und einen kooperativen Ansatz aufgedeckt werden muss.

34. Der Berichterstatter nimmt auch einige der Reaktionen der Pharmaindustrie zur Kenntnis. Als die Pharmakonzerne erkannten, dass die H1N1-Influenza viel milder war als ursprünglich erwartet oder befürchtet, erlaubten sie vielen Staaten, frühere vertragliche Vereinbarungen zu kündigen und Bestellungen für große Mengen nicht gelieferter Impfstoffe zu stornieren. Der Berichterstatter begrüßt auch die Bereitschaft der Pharmaindustrie, an dem von der Parlamentarischen Versammlung eingeleiteten offenen Dialog teilzunehmen, um die Situation zu klären und auf Vorwürfe eines unangemessenen Einflusses auf die Entscheidungen der WHO zu reagieren.

35. Nach Angaben der Pharmaindustrie selbst erforderte der durch die Erklärung der Pandemie im Sommer 2009 hervorgerufene Handlungsbedarf ein beispielloses Maß an Zusammenarbeit, an dem die WHO, nationale Regierungen, Gesundheitsbehörden, Aufsichtsbehörden, Wissenschaftler, Angehörige der Gesundheitsberufe und Unternehmen des Privatsektors beteiligt waren, um die entsprechenden Gegenmaßnahmen zu ergreifen. [87] [14] Während des ersten Austauschs in der Anhörung im Januar legte der Vertreter der Pharmaindustrie jedoch keine neuen Beweise vor, um Zweifel an dem möglichen Einfluss auf öffentliche Gesundheitsentscheidungen einiger ihrer Mitglieder auszuräumen.

c) Follow-up und Reaktionen auf Ebene der Europäischen Union und des Europäischen Parlaments

36. Die Europäische Union hat die H1N1-Pandemie über das Europäische Zentrum für die Kontrolle und Prävention von Krankheiten (ECDC) genau verfolgt und verfolgt sie weiterhin. Diese Europäische Agentur informierte sogar täglich über die Situation. Die jüngsten von ihnen vorgelegten Zahlen stimmten voll und ganz mit den zuvor zitierten Statistiken überein. Obwohl sie auch der Ansicht waren, dass die Pandemie noch lange nicht vorbei war und erhebliche Unsicherheiten beste-

hen blieben, beschloss das ECDC-Strategie-Team für öffentliche Gesundheitsereignisse (PST), ihre Krisenmanagementaktivitäten im Januar 2010 herabzustufen, wodurch die Veröffentlichung der täglichen Aktualisierungen eingestellt wurde. Nach diesem Datum hat das ECDC seine Arbeit im Rahmen eines verstärkten allgemeinen Influenza-Programms fortgesetzt.[88] [15]

37. Sowohl die Europäische Kommission als auch das Europäische Parlament untersuchen derzeit den Umgang mit der Influenza H1N1 in ihren Institutionen und Agenturen. Bei der Europäischen Kommission wird derzeit untersucht, wie die H1N1-Pandemie von den EU-Mitgliedstaaten und den Institutionen behandelt wurde. Dies wird zu einer geplanten Konferenz der belgischen Präsidentschaft und der Europäischen Kommission Anfang Juli 2010 führen. Darüber hinaus kündigte die Europäische Kommission am 9. März 2010 den Start neuer Forschungsprojekte zur Influenza an. Vier Verbundforschungsprojekte wurden für die Finanzierung in die engere Wahl gezogen. Daran sind 52 Forschungsinstitute sowie kleine und mittlere Unternehmen (KMU) aus 18 europäischen Ländern und 3 internationale Partner (Israel, China und die USA) beteiligt. Damit beläuft sich die Gesamtfinanzierung der Kommission in diesem Bereich seit 2001 auf über 100 Mio. EUR. Schließlich hat Michele Rivasi, Mitglied der Gruppe der Grünen/Europäische Freie Allianz, im Europäischen Parlament eine Initiative zur Einrichtung eines Untersuchungsausschusses gestartet. Sie ist optimistisch, dass sie bis April 2010 die erforderlichen 183 Unterschriften unter den MdEP sammeln wird.

d) Verschiedene Reaktionen in den Mitgliedstaaten des Europarates

38. Ebenso wie verschiedene Mitglieder der medizinischen Gemeinschaft ihre unterschiedlichen Positionen haben, zeig-

ten die Mitgliedstaaten des Europarates unterschiedliche Reaktionen auf die H1N1-Pandemie. Einige zeigten eine sehr zurückhaltende Einstellung zu Impfkampagnen (Polen). Andere (Großbritannien, Frankreich) verfolgten sehr proaktive Ansätze zur Vorbereitung auf Pandemien und einige Länder führten unbestrittene Impfkampagnen für einen größeren Teil der Bevölkerung durch (Finnland).

39. Im Vereinigten Königreich gab das Gesundheitsministerium zunächst bekannt, dass mit rund 65 000 Todesfällen zu rechnen sei. In der Zwischenzeit, bis Anfang 2010, wurde diese Schätzung auf nur 1 000 Todesfälle herabgestuft. Bis Januar 2010 waren weniger als 5 000 Personen als an der Krankheit erkrankt registriert worden und es wurden etwa 360 Todesfälle festgestellt. Im März 2010 hatte der Berichterstatter die Gelegenheit, sich mit Gillian Merron, Staatsminister für öffentliche Gesundheit, zu treffen, um den Umgang mit der Influenza H1N1 auf nationaler Ebene zu erörtern, und wurde darüber informiert, dass eine unabhängige interne Untersuchung durch das Kabinett durchgeführt wurde. Die Ergebnisse werden nach Juni 2010 verfügbar sein.

40. Im Falle Frankreichs wurden einige der in diesem Memorandum aufgeworfenen Hauptthemen bereits auf nationaler Ebene behandelt. Kritische Beobachter der Pandemie stellten auch offen die Neutralität von „unabhängigen Sachverständigen" in Frage, die in einigen offiziellen nationalen Gremien vertreten sind, beispielsweise im Ausschuss zur Bekämpfung der Influenza („Comité de lutte contre la grippe"). [89] [16] Die Nationalversammlung und der Senat haben dies getan. Sie haben einen proaktiven Ansatz gewählt und eine öffentliche Anhörung über mögliche Maßnahmen von Forschern und Behörden in Bezug auf die Influenza H1N1 durch das Parlamentarische Büro zur Bewertung wissenschaftlicher und technologischer Entscheidungen organisiert. [90] [17] Der französische Senat hat außerdem einen Untersuchungsausschuss zur Rolle der Pharmaunternehmen bei der Behandlung der H1N1-Influenza durch die französische Regierung eingerichtet, der

im Februar 2010 Ermittlungen einleitet, um im August 2010 einen Bericht vorlegen zu können.

41. Einige der verfügbaren Zahlen für Frankreich veranschaulichen sehr gut, inwieweit die H1N1-Pandemie möglicherweise überbewertet wurde und welche Folgen dies für die öffentlichen Gesundheitsbudgets hat: In Frankreich waren laut dem Nationalen Institut für die Überwachung von Gesundheitsfragen bis zum 21. Januar 2010 263 Personen an Influenza gestorben. Im Gegensatz dazu verursacht die saisonale Influenza im Allgemeinen zwischen 4 000 und 6 000 Todesfälle. Angesichts der tatsächlichen Entwicklung der H1N1-Krise gelang es der französischen Regierung, Bestellungen für 50 Millionen Impfstoffdosen zu stornieren, während ursprünglich 94 Millionen bestellt wurden. Impfstoffe wurden an einige andere Länder verkauft, aber Frankreich hat Millionen unnötiger Dosen erhalten, da vor Anfang 2010 „nur" fünf Millionen Menschen geimpft wurden. Diese Zahlen sind eines von vielen Beispielen für Länder in ganz Europa. [91] [(18)]

42. Einige Mitgliedstaaten haben nach der Ankündigung der Pandemie keine Maßnahmen ergriffen. Polen zum Beispiel ist eines der wenigen Länder weltweit, das aufgrund von Sicherheitsbedenken und Misstrauen gegenüber den Pharmaunternehmen, die sie herstellen, keine großen Mengen an Impfstoffen gekauft hat. Der Berichterstatter führt derzeit weitere Untersuchungen durch, um genauere Informationen über die Art und Weise, wie die Pandemie in verschiedenen Ländern behandelt wurde, vorzulegen. An der zweiten Expertenanhörung in Paris am 29. März 2010 werden eine Reihe von Vertretern der nationalen Regierungen teilnehmen, die in der Lage sein werden, zur Debatte beizutragen, indem sie ihre spezifischen nationalen Erfahrungen vermitteln.

43. In der Zwischenzeit und nach Kritik an der Bewältigung der H1N1-Krise haben einige Mitgliedstaaten ihre Impfkampagnen intensiviert, was ein gewisses Maß an Autonomie in

Bezug auf anhaltende Pandemiewarnungen zeigt. Viele Länder versuchen derzeit, die bereits gekauften, aber nicht verwendeten Impfstoffe auszulagern, indem sie entweder Vereinbarungen mit Pharmaunternehmen ablehnen oder einen Teil ihrer Impfstoffbestände an Dritte weiterverkaufen, um die Auswirkungen auf die öffentlichen Gesundheitsbudgets, die während der Wirtschaftskrise eingeschränkt sind, zu begrenzen.

V. Schlussfolgerungen

44. Die jüngste Debatte über H1N1, insbesondere auf europäischer Ebene, hat gezeigt, dass die Situation im Zusammenhang mit dieser Influenza durch ein hohes Maß an Unsicherheit gekennzeichnet ist. Der Berichterstatter ist überzeugt, dass es an Transparenz mangelt, wie mit der H1N1-Krise umgegangen wurde. Bestimmte Tatsachen wurden der europäischen Öffentlichkeit nie mitgeteilt; andere wurden nicht klar genug dargestellt. Selbst in dieser fortgeschrittenen Phase der Debatte und trotz des Mangels an Transparenz, auf den bei verschiedenen Gelegenheiten hingewiesen wurde, sind einige Interessengruppen immer noch nicht bereit, vollständig auf die vorgebrachten Anschuldigungen zu reagieren und alle möglichen Informationen zur Verfügung zu stellen.

45. Zum Abschluss dieser ersten Reflexionsrunde über die Art und Weise, wie mit der H1N1-Pandemie umgegangen wurde, stellt der Berichterstatter fest, dass die WHO und andere an öffentlichen Entscheidungen über die Pandemie beteiligte öffentliche Gesundheitseinrichtungen einen Teil des Vertrauens der europäischen Öffentlichkeit in diese hoch angesehenen Organisationen „verspielt" haben. Dieser Vertrauensverlust könnte in Zukunft riskant sein. Wenn die nächste Pandemie auftritt, geben viele Personen den Empfehlungen der WHO und anderer Stellen möglicherweise nicht die volle Glaubwürdigkeit. Sie könnten sich weigern, geimpft zu werden, und ihre eigene Gesundheit und ihr Leben so gefährden.

46. Nach Ansicht des Berichterstatters sollte sich jede weitere Untersuchung auf die Frage konzentrieren, wie die in und um die WHO bestehenden Überwachungsmechanismen gestärkt und einwandfrei sichergestellt werden können. In diesem Zusammenhang ist es wichtig, die demokratische Rechenschaftspflicht der Organisation und die Transparenz der Entscheidungsfindung in Bezug auf ihre Arbeit sicherzustellen und schließlich das Vertrauen der Öffentlichkeit in die Empfehlungen der WHO wieder zu stärken. Aus der aktuellen H1N1-Pandemie und der Art und Weise, wie damit umgegangen wurde, können wichtige Lehren für die Zukunft gezogen werden.

47. Die Suche nach Verbesserungen sollte zunächst durch organisationsübergreifende Dialoge auf nationaler, europäischer und internationaler Ebene erfolgen. In diesem Zusammenhang begrüßt der Berichterstatter die Bereitschaft der WHO und anderer Organisationen, an den von der Parlamentarischen Versammlung organisierten öffentlichen Anhörungen und Debatten teilzunehmen, und hofft, dass sie diesen Dialog fortsetzen werden, um das gemeinsame Ziel der Vorbereitung auf künftige Situationen der öffentliche Gesundheit zu verfolgen, in denen dieselben Probleme, einschließlich der Transparenz, wiederum aufgeworfen werden könnten.

48. Parallel dazu sollten die nationalen Gesundheitsbehörden der Mitgliedstaaten des Europarates dazu beitragen, Entscheidungen im Bereich der öffentlichen Gesundheit transparenter und rechenschaftspflichtiger zu machen. Dies sollten sie tun, indem sie einige dieser hochsensiblen Themen auf nationaler Ebene angehen und an relevanten Austauschen auf europäischer Ebene teilnehmen. Eines der zu untersuchenden Themen ist die demokratische Kontrolle internationaler Organisationen wie der WHO durch einschlägige Gremien (Weltgesundheitsversammlung, Regionalkomitees der WHO usw.).

49. Es gibt zahlreiche Organisationen und Institutionen auf internationaler, europäischer und nationaler Ebene, die sich mit der Planung der Pandemievorsorge und der Umsetzung nachfolgender Impfstrategien befasst haben. Unter diesen bietet die Parlamentarische Versammlung eine europäische Plattform, auf der Fragen zu Menschenrechten, Rechtsstaatlichkeit und Demokratie aufgeworfen werden können. In dieser Funktion könnte die Parlamentarische Versammlung Moderator und Partner der Debatten bleiben. Abgesehen von der Berücksichtigung sensibler Fragen im Zusammenhang mit der aktuellen H1N1-Krise und angesichts der umfangreichen Arbeit an gemeinsamen Themen, die bereits Gegenstand des Austauschs zwischen der WHO und dem Europarat sind, könnte die Parlamentarische Versammlung sogar ein regelmäßiges parlamentarisches Forum für Debatten über die Aktivitäten der WHO bieten. Zum Vergleich: Zwischen der Versammlung und der Organisation für wirtschaftliche Zusammenarbeit und Entwicklung (OECD) findet jährlich ein institutioneller Dialog statt. Ebenso gibt es regelmäßige Berichte der Versammlung über die Aktivitäten des Hohen Flüchtlingskommissars der Vereinten Nationen (UNHCR) und über die Internationale Organisation für Migration.

13 Quellenangaben

1 Robert-Koch-Institut „Modellierung von Beispielszenarien der SARS-CoV-2-Epidemie 2020 in Deutschland" vom 20. März 2020

https://www.rki.de/DE/Content/InfAZ/N/Neuartiges_Coro navirus/Modellierung_Deutschland.pdf?__blob=publicationF ile

2 Artikel FAZ „Wir haben neue Symptome entdeckt" vom 16. März 2020
https://www.faz.net/aktuell/gesellschaft/gesundheit/coron avirus/neue-corona-symptome-entdeckt-virologe-hendrik-streeck-zum-virus-16681450-p2.html

3 Robert-Koch-Institut „Epidemiologisches Bulletin Nr. 3" vom 19. Januar 2015 „Aktualisierung der der Influenza zugeschriebenen Mortalität, bis einschließlich der Saison 2012/2013"
https://www.rki.de/DE/Content/Infekt/EpidBull/Archiv/2 015/Ausgaben/03_15.pdf?__blob=publicationFile

4 Beobachter vom 27.04.2009 „Der Lieblingsfeind"
https://www.beobachter.ch/burger-verwaltung/beda-m-stadler-der-lieblingsfeind

5 Onlineportal watson.ch „Interview mit Immunologe Beda M. Stadler ‚Jede Grippe ist gefährlicher als Ebola' "
https://www.watson.ch/schweiz/gesellschaft%20&%20polit ik/692779493-jede-grippe-ist-gefaehrlicher-als-ebola

6 Homepage WHO, Statistik zu SARS-Fällen „Epidemic curves - Severe Acute Respiratory Syndrome (SARS)"
https://www.who.int/csr/sars/epicurve/epiindex/en/index 1.html

7 Entnommen www.independent.co.uk Artikel vom 25. März 2020
https://www.independent.co.uk/news/health/prince-charles-coronavirus-test-positive-covid-19-royal-family-latest-a9423666.html

8 FAZ Artikel vom 10. Juni 2015 „Grassierendes Virus: Mers-Krankheit schreckt Asien auf"
https://www.faz.net/aktuell/finanzen/devisen-rohstoffe/mers-krankheit-in-suedkorea-erschreckt-asien-13639080.html l

9 Forbes Magazin Artikel vom 5. Februar 2010 „Why The WHO Faked A Pandemic"
https://www.forbes.com/2010/02/05/world-health-organization-swine-flu-pandemic-opinions-contributors-michael-fumento.html#435967cd48e8

10 Dr. Wolfgang Wodarg „Falscher Alarm: Die Schweinegrippe-Pandemie"
https://duckduckgo.com/?q=%2Bwodarg+%2BFalscher+%2BAlarm+%2BSchweinegrippe&t=hj&ia=web

11 WHO Bulletin Nr. 112 vom August 2010
https://www.who.int/csr/don/2010_08_06/en/

12 Entnommen www.independent.co.uk Artikel vom 25. März 2020
https://www.independent.co.uk/news/health/prince-charles-coronavirus-test-positive-covid-19-royal-family-latest-a9423666.html

13 Entnommen www.leparisien.fr Artikel vom 27. März 2020
http://www.leparisien.fr/essonne-91/morsang-sur-orge-91390/julie-16-ans-decedee-du-coronavirus-personne-n-est-invincible-se-desole-sa-soeur-27-03-2020-8288850.php#xtor=AD-1481423553

14 Meldung https://www.srf.ch/news vom 25. März 2020

15 Meldung https://www.nau.ch/news vom 24. März 2020

16 Quelle: Psychologie in 30 Sekunden von Christian Jarrett (2016); Wasons Bestätigungsfehler, Seite 60

17 NZZ Artikel „Wer stirbt am ehesten am Coronavirus? – Nicht das kleine Mädchen" vom 20. Februar 2020 https://www.nzz.ch/panorama/wer-stirbt-am-ehesten-am-neuartigen-coronavirus-je-aelter-der-mann-desto-gefaehrdeter-ld.1541686

18 Instituto Superiore di Sanita, Italien „Report sulle caratteristiche die pazienti deceduti positivi a COVID-19 in Italia Il presente report è basato sui dati aggiornati al 17 Marzo 2020" https://www.epicentro.iss.it/coronavirus/bollettino/Report-COVID-2019_17_marzo-v2.pdf

19 Onlineportal watson.ch „Seuchen-Experte sagt, was in der Krise der größte Fehler ist, den man machen kann" https://www.watson.ch/international/schweiz/173724522-experte-sagt-was-in-der-coronavirus-krise-der-groesste-fehler-ist

20 Welt.de Panorama „Was Virologe Drosten den wirren Corona-Aussagen eines Lungenarztes entgegnet" https://www.welt.de/vermischtes/article206651673/Corona-Experte-Christian-Drosten-zerlegt-Aussagen-von-Wodarg.html

21 Dr. Wolfgang Wodarg: „Falscher Alarm: Die Schweinegrippe-Pandemie" https://www.wodarg.com/app/download/8959098914/+-Falscher+Alarm+Die+Schweinegrippe+WW+in+BIG+PHARMA.pdf?t=1585155969

22 Vita von Dr. Wolfgang Wodarg https://www.wodarg.com/vorstellung/ausführlicher-werdegang/

23 Studie von Prof. Dr. Hendrik Streeck vom Institut für Virologie, Vorläufiges Ergebnis und Schlussfolgerungen der

COVID-19 Case-Cluster-Study, Gemeinde Gangelt, 9.4.2020
https://www.land.nrw/sites/default/files/asset/document/
zwischenergebnis_covid19_case_study_gangelt.pdfv

24 Ecdc.europa.eu „COVID-19 situation update for the
EU/EEA and the UK, as of 25 May 2020" Stand vom
25.05.2020 – Daten als Basis für eigene Grafik
https://www.ecdc.europa.eu/en/cases-2019-ncov-eueea

25 Infografik NTV „Alle Daten, alle Fakten zum Coronavirus"
Artikel vom 25.05.2020 – Daten als Basis für eigene Grafik
https://www.n-tv.de/infografik/Coronavirus-aktuelle-
Zahlen-Daten-zur-Epidemie-in-Deutschland-Europa-und-
der-Welt-article21604983.html

26 Epicentro Istituto Superiore di Sanità „Report sulle
caratteristiche die pazienti deceduti positivia COVID-19 in
Italia Il presente report è basato sui dati aggiornati al 17
Marzo 2020"
https://www.epicentro.iss.it/coronavirus/bollettino/Report-
COVID-2019_17_marzo.pdf

27 Epicentro Istituto Superiore di Sanità vom 24.04.2010 –
Daten als Basis für eigene Grafik
https://www.epicentro.iss.it/en/coronavirus/bollettino/Rep
ort-COVID-2019_23_April_2020.pdf

28 Artikel 20minuten vom 14.11.2017 „Hunderte Tote wegen
resistenter Keime"
https://www.20min.ch/story/hunderte-tote-wegen-
resistenter-keime-577103241752

29 Infosperper.ch, Artikel vom 27.04.2013 „Viele Spitalopfer
– die Schweiz kümmerts wenig"
https://www.infosperber.ch/Gesundheit/Spitalopfer-
Adverse-Events-Arztfehler-Behandlungsfehler

30 Regione Lombardia, Dekret 2906 vom 8. März 2020
http://2.citynews-
bresciatoday.stgy.ovh/~media/14602305665946/dgr-2906-
8-marzo-2020-2.pdf

31 NZZ Artikel vom 9. April 2020 „Krasse Fehler in Spitälern und Altersheimen der Lombardei fordern Hunderte von Toten"
https://www.nzz.ch/international/coronavirus-in-italien-spitaeler-und-altersheime-als-todeszone-ld.1551236

32 Weltwoche Nr. 13 vom 26.03.2020 – Artikel „Zum nächsten Feuer solls nicht kommen, Interview mit Zürcher Immunologieprofessor Onur Boym"

33 Artikel Giornale die Brescia vom 24.03.2020 „Perché mandiamo i malati in Germania e non a Verona?"
https://www.giornaledibrescia.it/brescia-e-hinterland/perch%C3%A9-mandiamo-i-malati-in-germania-e-non-a-verona-1.3468999

34 Wetter.com vom 26.03.2018 – Artikel „Grippewelle: Krankenstand so hoch wie seit 10 Jahren nicht"
https://www.wetter.com/news/grippewelle-krankenstand-so-hoch-wie-seit-10-jahren-nicht_aid_5a93eaba38f7880fce134e4b.html

35 Medienmitteilung Robert-Koch-Institut vom 30.09.2019 „Pommes für die Grippeschutzimpfung? Neuer Influenza-Saisonbericht erschienen"
https://www.rki.de/DE/Content/Service/Presse/Pressemitteilungen/2019/10_2019.html

36 Bundesamt für Statistik BFS, Todesfälle nach Altersklasse, Woche und Kanton
https://www.bfs.admin.ch/bfs/de/home/statistiken/bevoelkerung/geburten-todesfaelle/todesfaelle.assetdetail.12847993.html

37 Artikel NZZ 11.01.2017 „Französische Kliniken wegen Grippewelle überfüllt"
https://www.nzz.ch/panorama/aktuelle-themen/zu-wenig-betten-franzoesische-kliniken-wegen-grippewelle-ueberfuellt-ld.139207

38 http://blauerbote.com - Onlineartikel „Prof. Raoult: Medikament gegen Corona gefunden – Virus verschwindet innerhalb von 6 Tagen" http://blauerbote.com/2020/03/26/professor-raoult-medikament-gegen-corona-gefunden-virus-verschwindet-innerhalb-von-6-tagen

39 Magazin Le Parisien – Artikel „Didier Raoult: „Pour traiter le Covid-19, tout le monde utilisera la chloroquine" http://www.leparisien.fr/societe/didier-raoult-pour-traiter-le-covid-19-tout-le-monde-utilisera-la-chloroquine-22-03-2020-8285511.php

40 Homepage Dr. Wodarg – „Covid-19 – ein Fall für Medical Detectives" https://www.wodarg.com/covid-19-medical-detectives/

41 Homepage Europäische Kommission – „Coronavirus – Krisenreaktion" https://ec.europa.eu/info/live-work-travel-eu/health/coronavirus-response_de

42 Artikel Handelszeitung „Die Gewerkschaft Unia gefährdet die Sicherheit des Landes" vom 23.03.2020 https://www.handelszeitung.ch/politik/gewerbeverband-die-unia-gefahrdet-die-sicherheit-des-landes

43 Interview mit Blick „Unia-Chefin fordert totalen Stillstand der Wirtschaft" vom 23.03.2020 https://www.blick.ch/news/politik/unia-chefin-fordert-totalen-stillstand-der-wirtschaft-wir-muessen-jetzt-herunterfahren-id15809079.html

44 Aargauer Zeitung – Artikel vom 31.03.2020 „Erste Aargauer Spitäler melden Kurzarbeit an – andere könnten folgen" https://www.aargauerzeitung.ch/aargau/kanton-aargau/erste-aargauer-spitaeler-melden-kurzarbeit-an-andere-koennten-folgen-137567427

45 Homepage der Hirslandengruppe – Aktuelle Informationen zum Coronavirus
https://www.hirslanden.ch/de/corporate/kampagnen/corona-virus.html

46 Ärzteblatt vom 24. März 2020, „Gesellschaft für Krankenhaushygiene fordert strategischen Schutz von Risikogruppen statt ungezielter Kontaktsperren"
https://www.aerzteblatt.de/nachrichten/111304

47 Spiegel Panorama vom 18.04.2020 „Pfleger flohen aus Angst vor Corona - 31 Senioren tot"
https://www.spiegel.de/panorama/gesellschaft/dorval-in-kanada-pfleger-flohen-aus-angst-vor-corona-31-senioren-tot-a-18fffc30-4e2a-40b3-a6d4-36e55549518d

48 TV Globalnews Canada vom 11.04.2020 „Coronavirus: 31 dead, elderly covered in feces at Dorval long-term care facility"
https://globalnews.ca/news/6807585/coronavirus-dorval-residence/

49 Artikel Euronews.com vom 07.04.2020 „Als wäre nichts? Schweden hält an umstrittenen Management der Covid-19-Krise fest"
https://de.euronews.com/2020/04/07/als-ware-nichts-schweden-halt-an-umstrittenem-management-der-covid-19-krise-fest

50 Artikel Rhein-Zeitung vom 17.03.2020 „Frank Ulrich Montgomery im RZ-Interview: ‚Pandemie ist Chaos' "
https://www.rhein-zeitung.de/deutschland-und-welt_artikel,-frank-ulrich-montgomery-im-rzinterview-pandemie-ist-chaos-_arid,2103389.html

51 Artikel Onlineportal Watson vom 17.03.2020 „Diese Dinge brauchst du für deinen Notvorrat – sagt der Bund"
https://www.watson.ch/schweiz/food/211227691-coronavirus-diesen-notvorrat-empfiehlt-der-bund

52 Artikel Onlineportal Watson vom 10.03.2020 „Die Coronavirus-Pandemie ist schlimm – aber sie hat auch positive Folgen. 6 Beispiele"
https://www.watson.ch/wissen/coronavirus/841548117-6-positive-folgen-der-coronavirus-pandemie

53 Artikel Handelszeitung vom 15.04.2020 „Manche Bundesleute fielen wohl auf ihre eigenen Statistiken herein"
https://www.handelszeitung.ch/politik/manche-bundesleute-fielen-wohl-auf-ihre-eigenen-statistiken-herein

54 NZZ vom 17. März. 2020 „Heb de Latz!" Corona provoziert gehässige Töne in der SVP"
https://www.nzz.ch/schweiz/heb-de-latz-corona-spaltet-die-svp-ld.1546995

55 www.watson.ch, Interview von Anna Rothenfluh mit Prof. Walter Krämer vom 25.01.2019
https://www.watson.ch/wissen/interview/240536512-was-ein-statistik-professor-ueber-luegnerische-zahlen-und-falsche-aengste-zu-sagen-hat

56 Homepage Technische Universität Dortmund, Unstatistik des Monats von Prof. Walter Krämer vom 30.05.2018
http://www.rwi-essen.de/media/content/pages/presse/downloads/180530_unstatistik_mai.pdf

57 Swiss Propaganda Research, Fakten zu Covid-19
https://swprs.org/covid-19-hinweis-ii/

58 Entnommen Homepage des Deutschen Zentrums für Infektionsforschung (DZIF), Pressemitteilung vom 16. Aug. 2016
https://www.dzif.de/de/erkaeltungsviren-haben-ihren-ursprung-kamelen-genau-wie-mers

59 Youtube Video „Virologe Streeck kritisiert bei Lanz Corona-Maßnahmen" vom 01.04.2020
https://www.youtube.com/watch?v=VP7La2bkOMo

60 ARD-faktenfinder „Zensur in Dänemark eingeführt?" vom 08.04.2020
https://www.tagesschau.de/faktenfinder/daenemark-corona-105.html

61 Bundesinstitut für Arzneimittel und Medizinprodukte „Pressemitteilung Nr. 3/15" vom 26.02.2015
https://www.bfarm.de/SharedDocs/Pressemitteilungen/DE/2015/pm3-2015.html

62 FAZ, Artikel vom 13.04.2020: „Merkels Medizin ist die richtige"
https://www.faz.net/aktuell/politik/inland/corona-exit-strategien-merkels-medizin-ist-die-richtige-16723344.html

63 Welt.de, Artikel vom 15.07.2015: „Impfstoff macht krank"
https://www.welt.de/print/welt_kompakt/print_wissen/article143418384/Impfstoff-macht-krank.html

64 Homepage Robert-Koch-Institut, Information mit Stand vom 11.11.2019: „Wie hoch ist die Wirksamkeit der Influenzaimpfung?"
https://www.rki.de/SharedDocs/FAQ/Impfen/Influenza/faq_ges.html

65 arznei-telegramm, Artikel „Die gesponserte Pandemie – die WHO und die Schweinegrippe" von 6/2010
https://www.arznei-telegramm.de/html/2010_06/1006059_01.html

66 web.archive.org WHO vom 15.01.2009
http://web.archive.org/web/20090115001859/http://www.who.int/csr/disease/influenza/pandemic/en/index.html

67 Apotheke-adhoc.de, Artikel vom 18.03.2020 „Warum eine Erkältung immun gegen Corona machen könnte"
https://www.watson.de/leben/gesundes%20leben/324026684-virologe-drosten-warum-erkaeltung-gegen-corona-immun-machen-koennte

68 Memorandum des Europäischen Parlaments vom 23. März 2010 „The handling of the H1N1 pandemic: more transparency needed"
http://assembly.coe.int/CommitteeDocs/2010/20100329_MemorandumPandemie_E.pdf

69 Apotheke-adhoc.de, Artikel vom 18.03.2020: „Lauterbach: „Wodarg redet blanken Unsinn"
https://m.apotheke-adhoc.de/nc/nachrichten/detail/coronavirus/lauterbach-wodarg-redet-blanken-unsinn/

70 Hamburger Abendblatt, Artikel vom 02.04.2020: „Corona - von den Toten lernen für die Lebenden"
https://www.abendblatt.de/hamburg/article228828787/rechtsmedizin-pueschel-hamburg-corona-virus-infektion-covid-19-coronavirus-krise-patienten-krankenhaeuser-kliniken-infektionsrate-krankheit-pandemie-test-lungenkrankheit-sars-cov-epidemie-sars-cov-2.html

71 www.wodarg.com, Artikel vom 28.04.2020: „Die Katze ist aus dem Sack!"
https://www.wodarg.com/

72 FAZ Artikel zum Prozess des Swissair-Groundings vom 07.06.2007: „19 Freisprüche im Swissair-Prozess"
https://www.faz.net/aktuell/wirtschaft/urteil-19-freispruche-im-swissair-prozess-1436112.html

73 Memorandum des Europäischen Parlaments vom 23. März 2010 „The handling of the H1N1 pandemic: more transparency needed"
http://assembly.coe.int/CommitteeDocs/2010/20100329_MemorandumPandemie_E.pdf

74 (1) WHO: Transcript of the virtual press conference held on 14 January 2010 with Dr Keiji Fukuda, Special Adviser to the Director-General on Pandemic Influenza, WHO

75 (2) Mainly drawn from allegations presented by various members of the scientific community, quoted from different press articles published between December 2009 and March 2010, as well as from various statements made during the hearing organised at the meeting of the Social, Health and Family Affairs Committee in Strasbourg on 26 January 2010

76 (3) WHO: Pandemic (H1N1) 2009 – Weekly update 90, 5 March 2010.

77 (4) WHO: Progress in public health during the previous decade and major challenges ahead. Dr Margaret Chan, Director-General, Report to the Executive Board at its 126th session, Geneva, Switzerland, 18 January 2010.

78 (5) European Commission / Directorate of Health and Consumers: Pandemic (H1N1) 2009 – Factsheet, March 2010.

79 (6 WHO: Pandemic influenza preparedness and response: a WHO guidance document, May 2000.

80 (7) EMEA: Pandemic influenza A(H1N1)v vaccines authorised via the core dossier procedure. Explanatory note on scientific considerations regarding the licensing of pandemic A(H1N1)v vaccines. London. 24 September 2009.

81 (8) The adjuvants are so-called inert products which are added to a vaccine in order to stimulate the immune reaction, by reinforcing the production of antibodies (Prof. Daniel Floret, Technical Director of the High Council of Public Health in France, September 2009)

82 (9) Stéphane Horel: Les Médicamenteurs – Labos, Médecins, Pouvoirs publics: enquête sur des liaisons dangereuses, Editions du moment, Février 2010

83 (10) Stéphane Horel: Les Médicamenteurs – Labos, Médecins, Pouvoirs publics: enquête sur des liaisons dangereuses, Editions du moment, Février 2010

84 (11) Agence France Presse (AFP) on 9 February 2010

85 (12) WHO: Pandemic (H1N1) 2009 briefing note 19, 3 December 2009, Geneva

86 (13) Agence France Presse (AFP) on 9 February 2010

87 (14) European Vaccine Manufacturers (EVM) statement on Council of Europe debate on ,Faked Pandemics – a threat for health , edited on 14 January 2010, Brussel

88 (15) European Centre for Disease Control and Prevention (ECDC): ECDC Daily Update on the 2009 influenza A(H1N1)pandemic, 19 January 2010

89 (16) Stéphane Horel: Les Médicamenteurs – Labos, Médecins, Pouvoirs publics: enquête sur des liaisons dangereuses, Editions du moment, Février 2010

90 (17) Office parlementaire d évaluation des choix scientifiques et technologiques (OPECST), Assemblée nationale, Paris: Audition publique du 1 décembre 2009 – „Face à la grippe A(H1N1) et la mutation des virus, que peuvent faire chercheurs et pouvoirs publics?"

91 (18) Idem to footnote 15 and Reuters on 25 February 2010

FSC
www.fsc.org
MIX
Papier | Fördert
gute Waldnutzung
FSC® C083411

Zeitfracht Medien GmbH
Ferdinand-Jühlke-Straße 7
99095 Erfurt, Deutschland
produktsicherheit@kolibri360.de